JN103263

VOLLEYBALL
ATTACKER

バレーボール

アタッカー

上達バイブル

「決定力」を高める

実践
ポイント
50

元全日本男子バレーボール選手

山本隆弘 監修

メイツ出版

はじめに

　「チーム力が勝敗に大きく影響する」。バレーボール選手や経験者の多くが、バレーボールについてこう語る。そしてチーム力をあげるために必要なことは、個人の実力をあげること。メンバー1人1人がそれぞれの役割を練習し、自信を持ってチームの中で発揮できれば確実にチーム力はあがり、勝利につながる本物の「強さ」を手に入れることができる。

　本書では、バレーボールで攻撃の要となる「アタッカー」が習得すべき基本のフォームや、より実力アップするための練習法など、50個のコツを掲載。バレーボール初心者はもちろん、経験者も「自分のフォームは正しいのか？」「試合に勝てないのはなぜか？」などを解決するための、「見直しのマニュアル」としても活用できる。

　また本書の監修は、サウスポーから繰り出す強烈なスパイクを武器に持つ、元全日本男子バレーボールのエースアタッカー山本隆弘選手。世界で活躍したエースアタッカー「山本流」の練習法は、今後のバレーボール界に多大な影響を与えると考えられる。細かに解説する50個のコツをマスターし、チーム力アップをめざそう！

元全日本男子バレーボールの
エースアタッカーから学び
「チーム力」アップをめざそう！！

本書の使い方

タイトル
プレーのコツが一目でわかるタイトル。ココを読み進めるだけでも、練習に必要なポイントは習得できる。

コツ01～50
全部で50項目のコツを掲載。1つ1つこなすことで、レベルアップにつながる内容になっている。

メイン写真
連続する動きや練習の主となる動きの写真を掲載。重要なポイントをイメージしやすい。

本文
ページで紹介しているプレーや練習法を解説。ひと通り読めば、レベルアップできる練習法などがわかる。

コツ
06

PART 1　スパイクの技術を高める

ふところのスペースを広くとる

▶ **CheckPoint**
❶ お尻と太モモの裏の筋肉を使って跳ぶ
❷ ボールの真下に入らないようにする
❸ スイングではヒジを引いて体をひねる

拇指球にしっかり乗って踏み込み、ヒザの屈伸をしたら、お尻と太モモの裏の筋肉を使い、思いきりジャンプをする。ボールをしっかり見ることは重要だが、高いところでボールを捉えることばかり意識するとボールの真下に入ってしまうので、力が入らず攻撃的なスパイクが打てなくなる。アゴをしっかり引いてボールを見れば前に出すぎることはないので、前方斜め上付近でボールを捉えることができる。またスイングで腕を大きく回しすぎると、その分時間がかかり、トスとのタイミングがあわなくなる可能性もある。「回す」ではなく、「ヒジを後ろに引いて体をひねる」というイメージでスイングをしてみよう。

22

本書では、バレーボールのアタッカーの技術を磨くポイントを中心に解説。そのほか、バレーボールの基本や筋力トレーニング、ストレッチなどの正しいやり方などについても掲載している。「1見開き1コツ」として、左ページではプレーや練習法をイメージしやすい写真を掲載。右ページでは、特に注意したいポイントを紹介している。

ジャンプ→スイング

 Point① お尻と太モモの裏の筋肉を使って跳ぶ

ジャンプするときは、お尻と太モモの裏の筋肉が使えることが大事。踏み込みで拇指球に乗れずギュッと止まれていないと、太モモの前の筋肉を使ってしまう。そうすると体が前に流れてしまい、上に高くジャンプができなくなるので気をつけよう。

 Point② ボールの真下に入らないようにする

試しに自分の真上でボールを捉えてみよう。どんなに高い位置でボールを捉えても、力が入らないことがわかる。無意識のうちに体は前に向かっているので、「少し遠すぎるかな…」と感じるくらいボールと距離をとっても空振りをする心配はない。

 Point③ スイングではヒジを引いて体をひねる

きちんと体勢を整えたうえで、トスとのタイミングをあわせるために重要なスイング。より確実なインパクトにつなげるためにもヒジをしっかり引いて、自然な「反りひねり」ができるようにしよう。無理に体を反るとバランスを崩すので注意。

 **NG** 肩の高さに気をつけて体のバランスを保つ  **プラスワンアドバイス**

踏み込みの際、お尻と太モモ後ろの筋肉をしっかり使ってジャンプをしないと、ジャンプが前に流れてしまい、スイングのときのバランスも崩れる。着地をしたときにヒザや腰を痛める原因にもなるので、ジャンプをするまでの動きにも注意が必要だ。

プレーや練習法の名称など
どんなプレー、またはどんな練習法が掲載されているかがわかる。パラパラとページをめくっても、知りたい練習のキーポイントが目につきやすい。

Point1.2.3
メイン写真に記載されている「Check Point」の詳細を写真付きで説明。

プラスワンアドバイス
練習の際、注意しなければいけないポイントやアドバイスを、写真付きで解説。間違えた動きには「NGマーク」が表示。

23

CONTENTS

※本書は2018年発行の『「決定力」に差がつく！バレーボール　アタッカー　最強のポイント50』を元に、掲載画像の再撮影、書名と装丁の変更、必要な情報の確認を行い、新たに発行したものです。

●STAFF 編集・執筆協力 桐生由美子、吉田亜依／撮影 内山政彦、上重泰秀、曽田英介、平野敬久／
デザイン・DTP 森陽介(SUNWOODS DESIGN) ／編集 株式会社ギグ

PART 1

スパイクの
技術を高める

コツ 01

ここぞというときに
確実に決める！

▶CheckPoint
❶ どんな状況でもスパイクを打つ
❷ 声をかけてチームのモチベーションをあげる
❸ スパイクの基本をしっかり習得する

エースアタッカーは
チームの柱

——チームにとってエースアタッカーとはどんな存在？

　攻撃の要でもあり、チームの柱でもあります。どんな状況であれ、「ここで得点しなければいけない」という場面で、確実にスパイクを決められる人です。たとえば試合の流れが相手チームにあるとき、流れを変えるために1本決めたいと思います。そんなとき、たとえレシーブが乱れてトスがベストな位置にあがらなくても、**エースアタッカーはスパイクを決めることができなくてはなりません**。それ

ができてこそ、エースアタッカーといえるのではないでしょうか。

──スパイクの技術をしっかり身につけることも必要ですね！

もちろんです。基本のオープンスパイクはもちろん、平行トスからのスパイクやクイックなど、**あらゆるスパイクが打てるようになる必要があります。**またトスはいつも同じ位置にあがるわけではありません。二段トスならトスは後方からあがってきますし、ネットから離れた位置でもできる限りスパイクを打って攻撃しなければなりません。どんなトスからでもスパイクが打てるように、しっかり練習することが大事ですね。

──スパイクを打てない場合は？

スパイクを打てないとき、次の手段として取り入れたいのはリバウンドをもら

うこと。フェイントやオーバーハンドで相手ブロッカーの手にあてて、戻ってきたボールでもう一度レシーブから立て直せばいいのです。ただし、**スパイクが打てないからとりあえずフェイントに逃げるのは絶対にダメ！** フェイントをするときは、相手コートの"穴"を狙って攻撃するか、リバウンドをもらってそこからまた攻撃につなげなければなりません。また**リバウンドをもらう場合、自分がもらう**という意識が大事です。

声をかけあって チーム全体を盛りあげる

──ミスをすることもあると思いますが…

できればない方がいいですが、もちろんミスをすることはあります。その場合

コツ01 ここぞというときに確実に決める!

も、"チームが納得できるミス"をすることが大事ですね。たとえば相手にブロックを跳ばれたとき、ブロックアウトをとるためにブロッカーの指先を狙ったとします。それが指先にあたらずアウトになってしまっても、チームは何をしようとしたかがわかっているので責めたりはしません。

——気持ちを切り替えられるメンタルの強さも必要ですね!

ミスをしたあとにずっと引きずっていては、次のプレーに悪影響が出ます。もちろんチーム全体にも迷惑をかけます。自分だけでなくミスをした選手がいたら、**声をかけあってチームのモチベーションをあげる**ことも重要ですね。自分でミスをした場合も大きな声を出して、気分を切り替えるようにしましょう。バレーボールはチームプレーなので、自分だけ調子がよくてもダメ。**チームの調子があがることで、個人の調子もあがる**のです。

——現役時代の山本さんはあまり感情を表に出さない印象がありましたが?

僕は、あえて顔に出さないようにしていました。エースアタッカーはチームの柱なので、感情を顔に出しすぎるのもよくないかなと思って…。でも仲間からは「もっと出せ」といわれましたけど(笑)。みんなとコミュニケーションをとるために感情を表現するのは大事なことですね。

——スパイクが決まったときの気持ちは?

それは嬉しいですね。ただいつも、**自分の力だけで得点できたとは思っていませんでした**。だからレシーブやトスをしてくれた選手にも、「ナイスレシーブ!」「ナイストス!」と、必ず声をかけていましたね。そうすることで、より一層チームのモチベーションがあがると思うのです。

——アタッカーになるためには筋力を強化することも大事ですか？

　もちろんです。アタッカーだけでなくスポーツ全般にいえると思いますが、**しっかり筋力をつけてその筋力を使うべきところで使うこと**が大事ですね。腕や肩、足やお尻、そしてバランスを保つためには体幹も鍛える必要があります。とくにアタッカーはスパイクを打つときのバランスも大事です。筋トレを毎日続けて、しっかりと筋力をつけましょう。

——エースアタッカーになりたい人に“山本流”アドバイスをお願いします

　まずは**基本のスパイクをしっかり習得すること。それから打てるトスの種類を増やして、どんな場面でも迷わず攻撃が**できるようになることです。いいスパイクを打つ1番のポイントは、**ふところを広くとること**です。勢いあまってボールの真下でジャンプをしては、強いスパイクが打てないだけでなく、コースを狙うこともできません。またかぶり気味でスパイクを打ったあとの着地はヒザに負担がかかるので、故障につながることもあります。

　実際にヒザを痛めてしまい、バレーボールから離れて治療をし、今リハビリに励んでいる選手もいます。**きちんとしたフォームを身につけてこそ、いいスパイクは打てるようになるのです。**

　また筋トレやクーリングダウン、ストレッチは、毎日きちんと続けることが大事です。大げさな器具を使うと続けるのが難しくなるので、本誌では「器具を使わないでできる」ものを紹介しています。ぜひそれも試してみてください。

コツ 02

攻撃力と冷静な 判断力を持つ

▶**CheckPoint**

❶ チームの攻撃力アップにつながるプレーをする
❷ さまざまなスパイクを習得して使い分ける
❸ 瞬時にコースを決めて打つ判断力を養う

　スパイクを打ち込み、直接得点につながるプレーをするアタッカー。レベルの高いアタッカーがいることで、**チームの攻撃力がアップする**。さまざまなスパイクを習得し、相手の動きやゲームの流れなどにあわせて**オープンスパイクやクイックスパイク、ときには時間差攻撃やブロックアウトを使うなど**、臨機応変に対応できることが大事だ。長身であることは理想だが、それ以上にジャンプ力や全身の筋力も必要。相手ディフェンスの動きを見て先読みすることや、瞬時にコースを決めて打ち抜く判断力も養う必要がある。またたとえ失敗しても、次のプレーまで引きずらない強い精神力も要求される。

Point ① チームの攻撃力アップに つながるプレーをする

アタッカーはチームの攻撃の要。レシーブ、トスとつないだボールを相手コートに打ち込み得点するためには、アタッカー自身が多くの技術を習得していることが重要になる。より確実な攻撃力を磨くために、多くのスパイクを打てるように練習しよう。

Point ② さまざまなスパイクを 習得して使い分ける

スパイクには多くの種類がある。攻撃性の高いものから相手の隙を狙うもの、すばやく打ち込むものや確実に相手コートに入れるもの。1種類のスパイクだけを練習するのではなく、すべてのスパイクをどんなときにでも使えるように、しっかり習得しよう。

Point ③ 瞬時にコースを決めて 打つ判断力を養う

スパイクを打つ際、相手コートの"穴"を探して打ち込むなど、アタッカーには判断力も要求される。助走をしながら相手コート内の動きにも目をやり、ブロッカーが何枚跳んでくるか、リベロはどの位置にいるかなどをチェックできるようにしよう。

ボールをつないだ 仲間と声をかけあう

プラスワン アドバイス

失敗したときに仲間を励ます言葉をかけるのはもちろん、スパイクが決まったときにも、ボールをつないでくれた仲間と喜びを分かちあうことも大事。「バレーボールはチームプレー」という意識を持つことで、チーム全体のモチベーションもアップする。

コツ
03

「得点するスパイク」を
確実に打つ

▶CheckPoint
1. きちんとしたフォームを身につける
2. スパイクの種類別にスキルアップする
3. 失敗してもくじけない精神力を鍛える

　アタッカーにとって最も大事な資質は、「得点するスパイク」を打てることだ。攻撃的な強いスパイクを打てるようになることも大事だが、**どれだけ力強く打てても得点につながらなければ意味がない。**そして、確実にスパイクを打ち得点するために必要なことは、**まずしっかりとしたフォームを身につけることだ。**そして

練習を重ねて、多くの種類のスパイクを打つためのスキルを磨くことだ。毎日の練習に筋トレやストレッチなどを取り入れ、アタッカーに必要な筋力をつけることや、体をベストな調子に整えることも重要。またメンタルの強さはスポーツの勝敗に大きく影響するので、精神面を鍛えることも心がけたい。

Point ① きちんとしたフォームを身につける

スパイクを打つためには、基本的な打ち方をしっかりマスターすることが重要。正しいフォームが身についてないと打つときに体に余計な力が入ってしまい、ベストなスパイクが打てないだけでなく、肩や腰、ヒザなどにケガをする危険性もある。

 Point ② スパイクの種類別にスキルアップする

クイック　　オープン

スパイクの練習をする際、いろいろな打ち方を取り入れるようにしよう。オープンスパイクを10本打ったら、不得意と感じるクイックの練習を多めにするなど。すべてのスパイクをスキルアップすることで、どんな場面でも攻撃を仕掛けることができる。

 Point ③ 失敗してもくじけない精神力を鍛える

思いきり打ったスパイクがブロックされたり、ここぞというときにアウトになってしまったり…。スパイクを打っても失点につながってしまうこともある。そんなときこそ「次は決める！」という前向きな気持ちに切り替えてプレーできるようにしよう。

筋力を鍛えてバランスよく使う

プラスワンアドバイス

アタッカーに必要な筋力は腕力だけではない。ジャンプをするときには脚力も必要で、体を反ったりひねったりしてボールを打つためには腹筋も背筋も必要。正しいフォームを保ちながらどんなトスでも打つために、全身の筋力をバランスよく鍛えよう。

自分にあったフォームを 身につける

1 助走

助走は「3歩助走」や「1歩助走」などがある。繰り返し練習をしながら、自分にあった助走をみつけよう。ボールを見ながらゆっくりスタートしたら、徐々にスピードアップして踏み込みにつなげる。

▶コツ05参照

2 踏み込み

前に進む勢いを上に切り替えるように、ツマ先を少し内側に向けてギュッと止まる。スクワットをするようにしゃがみ込んだら、お尻と太モモ裏の筋肉を使って床を蹴るようにしてジャンプへつなげる。

▶コツ05参照

まずは基本のオープンスパイクのフォームをマスターしよう。助走からスタートし、踏み込みで「ギュッ！」と止まったら思い切ってジャンプ。ヒジをしっかり後ろに引きながら体を弓なりに反らし、体の反りを戻す勢いと全身の力で打ち抜く。

3 ジャンプ／スイング

踏み込みのあとの跳びあがる力を使ってジャンプ。ボールを前方斜め前で捉えるため、少し手前と感じるあたりでジャンプをする。腕を後ろから前へ振りあげるようにしながら思いきり跳ぶ。

▶コツ06参照

4 インパクト

ボールを捉える位置は前方斜め前。狙うコースにあわせて指からボールに触れて、そのままスナップを利かせて打ち抜く。手首を固くするとスナップを利かせられないので、脱力することも大事。

▶コツ07参照

コツ 05 しっかり踏み込んで 真上に跳ぶ

▶**CheckPoint**
❶ 自分にあった助走を身につける
❷ 踏み込みで前に流れるのを止める
❸ 両足の拇指球に乗ってジャンプにつなげる

　攻撃的なスパイクを打つために必要な助走。ただ勢いをつけるだけではなく、より高いジャンプをするために自分にあった助走を身につけよう。助走は「3歩助走」や「1歩助走」などがあるが、打ちやすさには個人差がある。「3歩助走」は勢いがつくが、前に向かって体が流れすぎないように踏み込みのときにしっかり「ギュッ！」と止まって上にジャンプできるようにしよう。「1歩助走」は前に流れにくいので、**踏み込みをしっかりすることで、思いきり真上に跳べる**。トスがあがる位置を予測したら、ボールを前方斜め上で捉えられる位置に走り、踏み込みでは両足の拇指球にしっかり乗ってジャンプにつなげよう。

Point ① 自分にあった 助走を身につける

「3歩助走」は右利きの場合、右足→左足→右・左足の順。「1・2・3」のリズムを声に出すのも効果的。「1歩助走」は少し脱力して歩き出し、右・左足だけでしっかり踏み込んでジャンプにつなげる。どちらもまっすぐボールに向かって走り込もう。

Point ② 踏み込みで 前に流れるのを止める

助走は前に向かって勢いがついているので、しっかり踏み込むことで体が前に流れるのを止める必要がある。踏み込むときの前足のツマ先は、助走の力を前ではなく真上へつなげるために、進行方向に向けず少し内側に向けてギュッと止めるイメージ。

Point ③ 両足の拇指球に乗って ジャンプにつなげる

最後の1歩は「タ・タン」のリズムで踏み込む。そのときしっかりと拇指球（足の指の付け根付近）に乗ることが大事だ。歩幅が開きすぎると乗れないので、開きすぎないのもポイント。助走→踏み込みの練習を繰り返して、ベストな位置をみつけよう。

踏み込みで 大きな音がする

プラスワン アドバイス

高いジャンプができる選手はしっかりと拇指球に乗っているので、ジャンプをするときに床を蹴る「ドン」という音が聞こえる。足を開きすぎるとしっかり拇指球に乗れないため音は聞こえない。踏み込みがしっかりできてこそ、高いジャンプができる。

21

コツ 06 ふところのスペースを 広くとる

▶ **CheckPoint**

❶ お尻と太モモの裏の筋肉を使って跳ぶ

❷ ボールの真下に入らないようにする

❸ スイングではヒジを引いて体をひねる

拇指球にしっかり乗って踏み込み、ヒザの屈伸をしたら、お尻と太モモの裏の筋肉を使い、思いきりジャンプをする。ボールをしっかり見ることは重要だが、高いところでボールを捉えることばかり意識するとボールの真下に入ってしまうので、力が入らず攻撃的なスパイクが打てなくなる。**アゴをしっかり引いてボー**ルを見れば前に出すぎることはないので、前方斜め上付近でボールを捉えることができる。またスイングで腕を大きく回しすぎると、その分時間がかかり、トスとのタイミングがあわなくなる可能性もある。「回す」ではなく、**「ヒジを後ろに引いて体をひねる」**というイメージでスイングをしてみよう。

Point ① お尻と太モモの裏の 筋肉を使って跳ぶ

ジャンプするときは、お尻と太モモの裏の筋肉が使えることが大事。踏み込みで拇指球に乗れずギュッと止まれていないと、太モモの前の筋肉を使ってしまう。そうすると体が前に流れてしまい、上に高くジャンプができなくなるので気をつけよう。

Point ② ボールの真下に 入らないようにする

試しに自分の真上でボールを捉えてみよう。どんなに高い位置でボールを捉えても、力が入らないことがわかる。無意識のうちに体は前に向かっているので、「少し遠すぎるかな…」と感じるくらいボールと距離をとっても空振りをする心配はない。

Point ③ スイングでは ヒジを引いて体をひねる

きちんと体勢を整えたうえで、トスとのタイミングをあわせるために重要なスイング。より確実なインパクトにつなげるためにもヒジをしっかり引いて、自然な「反りひねり」ができるようにしよう。無理に体を反るとバランスを崩すので注意。

肩の高さに気をつけて 体のバランスを保つ

プラスワン アドバイス

踏み込みの際、お尻と太モモ後ろの筋肉をしっかり使ってジャンプをしないと、ジャンプが前に流れてしまい、スイングのときのバランスも崩れる。着地をしたときにヒザや腰を痛める原因にもなるので、ジャンプをするまでの動きにも注意が必要だ。

コツ 07 最初にあてる指で ボールをコントロールする

▶**CheckPoint**
- ❶ 効果的に力を使い強いスパイクを打つ
- ❷ ボールのコントロールは最初にあてる指
- ❸ 手首をやわらかくしてスナップを利かせる

インパクトの瞬間、どれだけの力を効果的に使えるかが大事。これはより強いスパイクを打つために重要なことだ。トスの位置を目がけてジャンプしたら腕をスイングさせ、振りおろしながら手のひらの付け根を中心に打つ。このとき、**ボールにあてる最初の指でコースを狙えるようにしよう**。右利きの選手がレフトから

打つ場合、体の向きは対角線方向を基本にし、まっすぐに打つなら「中指と薬指」からあてる。ストレート方向に打つなら「小指」、クロス手前の付近を狙うなら「人差し指」からボールに触れるように打とう。**手首をやわらかくして、自然にスナップを利かせるようにする**と鋭角でスピードのあるスパイクが打てる。

Point ① 効果的に力を使い 強いスパイクを打つ

ボールを叩きつけるとき、手のひら全体を同時にあてると「パチン」という大きな音がするが、強さやドライブの効いてないスパイクになってしまう。ボールを打つのは手のひらの付け根。指からボールに触れたら、手のひらで包むように叩きつける練習をしよう。

Point ② ボールのコントロールは 最初にあてる指

ボールにどの指を最初にあてるかによってコースは決まる。中指と薬指を最初にあてればまっすぐに飛び、小指からあててればストレート、より手前のクロスなら人差し指からあてることを意識してみよう。相手にコースを読まれにくいのもポイントだ。

Point ③ 手首をやわらかくして スナップを利かせる

指からボールに触れ、自然と手首を返すことでスパイクを打つ。その際手首に力が入っているとスナップが利かないので、インパクトの瞬間までは手首を脱力することも大事だ。スナップを利かせることばかり意識すると、逆に力が入るので注意したい。

最高の助走・スイングを インパクトにつなげる

プラスワン アドバイス

自分にあった助走をし、拇指球でしっかり踏み込み、ボールとの距離を保ってジャンプをしてボールをインパクトする。最高の攻撃につなげるためには、その1つでも気を抜くことはできない。すべてが完ぺきにできてこそ、得点につながるスパイクが打てる。

バレーボールの
ポジションとその役割

アタッカーは得点源

　バレーボールはコートに6人の選手が入って行うスポーツで、ポジションそれぞれに役割がある。前衛の中央はセンタープレーヤー。主にクイックやブロックを行い、ときには時間差攻撃の"おとり"となることもある。レフトやライトなどのサイドプレーヤーは、スパイクやブロックなどを行う。エースアタッカーはレフトプレーヤーが多いが、サウスポーの選手の場合はライトプレーヤーとして活躍することが多く、レフト、ライトともに得点するために重要なポジションとなる。

すべてにおいて技術を磨く

　セッターはトスをあげるだけではなく、チーム内に指示を出す司令塔の役割も担う場合が多い。アタッカーとのコンビネーションも重要とされるため、コート内の動きを観察する力も必要だ。バックレフト、ライト、センターはレシーブ力が必要とされるポジション。ときにはバックアタックなどの攻撃をすることもあるので、スパイク力を磨くことも大事だ。6人がローテーションをして試合は展開するので、攻守両面の技術を養いどんな場面でも活躍できるようにしよう。

PART 2

トス別の
スパイク技を
磨く

コツ08 打てるトスを増やして攻撃力を強化する

▶**CheckPoint**
❶ 最高到達点でボールを捉える
❷ ディフェンスのリズムを崩す
❸ セッターの動きを先読みする

基本のオープンスパイクをマスターする

スパイクは攻撃的で直接得点に結びつくプレー。ただしサーブなどの個人プレーとは違い、レシーブからトスへとボールがつながらなければ成り立たないプレーでもある。より攻撃力をアップす

るためには、**セッターとのコンビネーションを確実なものにすること**も重要だ。そのためには、**多くの種類のトスからのスパイクを習得する必要がある。**

まず確実にマスターしたいのは、大きく弧を描きながら高くあがるオープントスからのスパイク。スパイクを打つまでの時間が長いので、しっかりと助走をし

て踏み込み、高くジャンプをして最高到達点で確実に捉えられるように練習しよう。また**オープンスパイクは、アタッカー自らトスを見て入るタイミングを決め、最高の場所と高さで打たなければならない**。オープンスパイクをきちんとマスターすることで、クイックや平行、セミなども打てるようになる。大きなフォームをつくって体全体でボールを受ける。その意識を持って、基礎から練習をすることが大事だ。

攻撃性の高いクイックで得点につなげる

クイックにはA、B、C、Dの4種類があり、自チームのコンビネーションやゲームの流れによって使い分ける。セッターに近い位置で打つAクイックは、クイックの中でも使いやすい攻撃の1つ。Bクイックは平行トス同様ネットの白帯に沿うように横方向へあがるトス。平行トスよりスピードがあるためタイミングの

計り方が難しいが、**相手ディフェンスの動きを崩すことができる、攻撃性の高いスパイク**でもある。Cクイックのトスはセッターのすぐ後ろ付近にあがり、DクイックのトスはバックトスでBクイックと同じくらいの距離にあがる。CクイックとDクイックは、バックトスをあげるセッターからはボールの行方が見えにくいので、何度も練習してタイミングを覚える必要がある。**オープンとの違いは、よりセッターとのコンビネーションプレーになるというところだ。**

またクイックは、相手ディフェンスのリズムを崩す効果が高い。トスからスパイクまでの時間が極端に短いので、相手ブロックやレシーブの動きが間にあわないこともあるからだ。

どのトスを打つ場合にも、アタッカーがセッターの動きを先読みすることも大事。せっかく攻撃性の高いトスがあがっても、タイミングがあわなければ元も子もない。練習を繰り返すことで、コンビネーションプレーを磨こう。

コツ 09
タイミングを決めて確実に打ち込む

▶CheckPoint
1 助走からインパクトまでの流れが重要
2 ボールを前方斜め上で捉える
3 最初にあてる指でコースを打ちわける

　オープンスパイクはクイックなどに比べてトスから打つまでの時間があるため、**助走からインパクトまでの流れをしっかり行うことがポイント**になる。助走をしながら腕を大きくスイングして高くジャンプ。ジャンプをしながらヒジを後ろに引き、体を弓なりに反ったら、ボールを前方斜め上で捉えられるように意識しよう。

　このとき、ヒザのバネを使うタイミングや力を入れる筋肉も重要。また気が焦ると早くジャンプをしてしまい、ボールの真下に入りがちなので、**ボールを待つという意識も持とう**。打つときは最初にあてる指を意識し、**手首をやわらかくして流れるようにスナップを利かす**と狙ったコースへ打ち込むことができる。

Point ① 助走からインパクトまでの流れが重要

オープンスパイクはトスから打つまでの時間があるので、助走からインパクトまでの動きをしっかり意識して打とう。トスがあがってから助走開始。足先を内側に向けてギュッと踏み込んだら、ヒザのバネとスイングで高くジャンプし、思いきり打ちこむ。

 Point ② ボールを前方斜め上で捉える

ボールを捉える位置は前方斜め上。踏み込みでしっかり止まれていなかったり、最高到達点で捉えようと意識しすぎると体が前方へ流れてしまう。ネットに近づきすぎずにゆとりを持ってジャンプをし、アゴを引いて打つとボールを捉えやすい。

 Point ③ 最初にあてる指でコースを打ちわける

前方斜め上でボールを捉えたら、最初にあてる指を意識してコースを狙おう。ブロッカーはどの位置に何人いるか、リベロはどこにいるか、コートの"穴"はあるか…など、相手ディフェンスの動きにも注意して、確実に打ち込んで得点につなげよう。

「少し遠いかな」くらいがベスト

助走をして思いきりジャンプをすると、体が前に流れてボールの真下に入り込んでしまうことがある。そのまま頭の真上で打っても力が入らず、コースを狙うことはできない。少し遠いと思う距離でジャンプをするくらいが、ベストポジションになる。

コツ 10 相手ブロックが跳ぶ前に打ち込む

▶**CheckPoint**

❶ セッターの動きを見て助走をスタート

❷ 低めに飛ぶボールを的確な位置で捉える

❸ ブロッカーが跳ぶ前に打ち込む

　ボールを捉える位置はオープンスパイクと同じサイドライン付近だが、低く速くあがるトスが平行トスだ。セッターの手元からネットの白帯とほぼ平行に飛ぶボールをベストな位置で捉えるためには、**セッターの動きにあわせて助走のタイミングを計ることが重要**。助走のスタートは、ボールがセッターの手を離れる前。

手を離れたときには踏み切り態勢に入り、横からほぼ平行に飛んでくるボールの予測地点を捉えたら、タイミングをあわせながらジャンプをし、ヒジを引いて体を弓なりに反らせて打ち込む。オープンスパイクよりも動きがスピーディーなので、**相手ブロックがそろう前に攻撃し得点に**つなげよう。

Point ① セッターの動きを見て 助走をスタート

平行トスをジャストタイミングで打ち込むためには、セッターと息をあわせることも重要。ボールがセッターの手元に届いたときには助走をスタートし、手元を離れたら踏み込む。セッターからのトスの出方を見ながら準備体制に入るようにしよう。

 Point ② 低めに飛ぶボールを 的確な位置で捉える

横から低く飛んでくるボールを捉えるためには、ボールの到達点をすばやく予測する必要がある。捉える高さはネットの白帯よりやや上方。横から飛んでくるボールの動きを計り、ボールの中央を捉えたら、相手コートを目がけて叩きつけよう。

 Point ③ ブロッカーが跳ぶ前に 打ち込む

平行トスでスパイクを打つメリットは、相手ブロックのタイミングを外し、なお且つ枚数を減らせること。そのためには、相手の準備が整う前に確実に打ち込むことだ。ブロッカーが移動し、踏み切るときには打ち込めるように練習をしよう。

NG

練習不足は相手に 得点を与えてしまう

プラスワン アドバイス

平行トスを無理に打つと打点が低くなり、ブロックに止められてしまう。ベストな高さとスピードを追求し、打ちこなせる平行スパイクを身につけよう。セッターと息をあわせることが重要なので、ボールの位置などを1本1本確認しながら練習しよう。

コツ 11 助走の角度で 攻撃方向を定める

▶**CheckPoint**
1. 助走の切り込み角度で攻撃力をあげる
2. セッターとの距離の近さを利用する
3. 左利きの選手がライト攻撃する

　右利きの選手がライトから打つ場合「打ちにくい」と感じることも少なくないが、助走の切り込み方や狙うコースによって攻撃力をあげるスパイクになる。ポイントは助走のスタート位置。好みもあるが、サイドライン外側に開きすぎず、ネットに向かってほぼ正面から入るか、コートの内側からサイドライン側に向かって入るくらいが打ちやすい。本来ライトからのスパイクはセッターとの距離が近いので、タイミングを計りやすく打ちやすいため、攻撃力もアップする。ライトからのスパイクをマスターすることで効果的な攻撃ができる。左利きの選手の基本の打ち方は、オープンスパイク（P30参照）で逆の動きを行う。

Point ① 助走の切り込み角度で 攻撃力をあげる

右利きの人は、打ち込むコースによって助走の切り込み角度を意識してみよう。基本はネットに向かってほぼ正面から助走をスタートし、まっすぐに入る。最初にボールに触れる指で、クロスとストレートを打ちわける練習をしてみよう。

 Point ② セッターとの距離の 近さを利用する

右利きの選手がライトから打つ場合、セッターとの距離が近くなるのでタイミングが計りやすい。ムダのない動きができるので、ストレートやクロスの打ちわけを判断する時間もとれる。普段の練習に組み込んで、ライトからのスパイクもマスターしよう。

 Point ③ 左利きの選手が ライト攻撃する

左利きの選手がエースアタッカーになる場合はライトからの攻撃が主になる。相手はライトからの攻撃に対して動きにくさを感じるため、攻撃のレパートリーが増えることは間違いない。相手ディフェンスを崩して得点するためにも攻撃力をアップしよう。

攻撃パターンを増やし 相手を惑わす

 **プラスワンアドバイス**

エースアタッカーは攻撃パターンを増やして、相手を惑わすことも大事！そのためには、レフトからもライトからも、そしてセンターからもしっかり打ちこなせるようになろう。どのポジションからでも打てることは、相手にとって脅威となるはず！

コツ 12

「おとり攻撃」を組み合わせて確実に決める

▶**CheckPoint**
❶「おとり攻撃」として戦術を練る
❷トスのタイミングを見て後方から助走する
❸相手ディフェンスを崩して攻撃する

セミトスからのスパイクは、「おとり攻撃」として使うことも多い。Aクイックのタイミングでセッターがトスの動きをスタートしたら、おとりになる選手はセンターでジャンプ。セッターが瞬時に高めのトスに切り替えたら、センター後方からアタッカーが走り込んで打ち込む。これがセミトスからのスパイクだ。相手ディフェンスはAクイックでの攻撃を予測して動き始めるので、ブロックのタイミングがあわなくなる。レシーバーの動きを読みつつ、コースを狙って打ち込んで得点につなげよう。ただしおとりの動きがいいかげんだと相手に攻撃法を読まれてしまうので、おとりも本気で打つと見せかけることが重要だ。

Point ① 「おとり攻撃」として戦術を練る

通常の攻撃としても活用できるセミトスからのスパイクだが、「おとり攻撃」として使うと、相手の動きを崩すことができる。セッター、おとりのアタッカー、実際に打つアタッカーのコンビネーションが胆となるので、練習を繰り返してマスターしよう。

Point ② トスのタイミングを見て後方から助走する

セッターとおとりのアタッカーはAクイックで攻撃する動きをスタート。実際に打つアタッカーは、センター後方でさりげなく待機。ボールがセッターの手元に渡ったら、すばやく助走をスタートして相手ブロックのジャンプが緩んだころに打ち込もう。

Point ③ 相手ディフェンスを崩して攻撃する

クイックとオープンではディフェンスの動きが変わる。クイックのスピードに合わせようと準備をしているときにトスの高さが変わると、動きに戸惑いが出ることも多い。ブロックだけでなくレシーバーの動きも乱れるので、確実に得点につなげよう。

おとりは「本気で打つ」動きを徹底する

プラスワンアドバイス

あくまでもおとりだから軽くジャンプしておこう…。それでは相手に動きを読まれてしまう。セッターはトスをあげる直前まで打たせるために動き、おとりのアタッカーも本気で打つ態勢で動く。確実に得点するために、おとりのタイミング練習をしよう。

コツ 13
センターから
Aクイックを打つ

▶CheckPoint

❶ ジャンプトスにあわせてセンターから打つ

❷ 踏み込み→ジャンプはセッターと息をあわせる

❸ 相手ブロックが跳ぶ前に打ち込む

　　クイックは速い攻撃とタイミングが勝負。セッターがトスをあげてからジャンプをしたのでは、間にあわない攻撃法だ。A〜Dの4種類のクイックがあり、Aクイックはセンターにあがったボールを速攻で打ち込むスパイク。レシーバーからあがったボールを、セッターはジャンプをして指先で軽く弾くようにトスをあげ

る。アタッカーはセッターがジャンプをすると同時くらいに1歩助走で踏み込み小さくスイング。**トスがあがるときにはヒジを引きあげ、ボールがネットを越えた瞬間に叩きつける**。レシーブがあがる前にセッターとアイコンタクトをとるなど、オープンスパイクより的確なコンビネーションが必要だ。

Point ① ジャンプトスにあわせて センターから打つ

打つ位置はネットの中央付近。セッターがトス、またはジャンプトスをあげると同時にボールを叩きつけるイメージだ。低めのトスを速攻で打ち込むので、セッターの動きも意識しよう。セッターの指先からボールが離れた瞬間に、ボールを捉えよう。

 Point ② 踏み込み→ジャンプは セッターと息をあわせる

助走は短く、瞬時に踏み込んでジャンプをしなければ、ボールの中央を捉えて叩きつけることができない。レシーバーからのボールをセッターが捉えたときには、ジャンプしているイメージだ。おとり攻撃としてAクイックの動作をする場合もある。

 Point ③ 相手ブロックが 跳ぶ前に打ち込む

クイックの醍醐味は、相手ディフェンスの準備が整う前に打ち込めるため、得点につながる可能性が高いということ。そのためにも、Aクイックを打つ位置でずっと待機するのはNG。ネット際プレーをしながら、クイックの態勢に入るのが理想だ。

スイングからの 振りあげは小さく速く

オープンスパイクと違い、助走とバックスイング、腕の振り上げの時間は短い。トスがあがる前に振りあげた腕のヒジが、耳の横付近まであがっているようにしよう。そしてトスがあがった瞬間に、ボールを叩きつけるすばやい動きが必要になる。

コツ 14 ネットと平行に飛ぶ ボールをBクイックで打つ

▶ **CheckPoint**
❶ 横から平行に飛ぶトスを確実に打つ
❷ セッターにボールが渡る前に短い助走を開始
❸ 横から飛んでくるボールを叩きつける

ネット中央付近にセッターが立ち、レフト方向2〜3メートル先へトスをあげるのがBクイック。**Aクイックよりセッターとの距離があり、ボールが飛ぶラインはネットの白帯とほぼ平行になるのが特徴**だ。レシーブしたボールがセッターに渡る前に短い助走をスタートし、バックスイングからすばやく腕を振りあげてジャンプする。セッターの手がボールに触れたときには空中で準備態勢に入るタイミングで動く。ボールがセッターの手を離れ、サイドラインに向かって一直線に飛んでくるボールを、**途中で捉えて叩きつけるように打つイメージ**だ。速さとタイミングが重要なので、何度も練習を繰り返してマスターする必要がある。

Point ① 横から平行に飛ぶ トスを確実に打つ

セッターはジャンプトスの要領でボールを捉え、目の前へ突き出すようにトスをあげてくる。ネットの白帯とほぼ平行に、横一直線に飛んでくるボールを途中で遮るように叩きつけよう。白帯に近い高さでボールを捉えるとより攻撃力が高くなる。

 Point ② セッターにボールが 渡る前に短い助走を開始

助走は短めに。スタートはボールがセッターの手に渡る前がベスト。助走をしながら小さめにバックスイングをし、すばやく腕を振りあげて目の前のボールを叩きつける。レシーブする瞬間からアタッカーの動きはスタートしていると考えよう。

 Point ③ 横から飛んでくる ボールを叩きつける

Bクイックのポイントは、横から飛んでくる速いボールを打ち抜くこと。高さのあるトスとは違い横からのボールは打ちにくく、タイミングも計りにくい。空振りなどのミスにつながることも多いので、何度も練習を重ねてタイミングを体で覚えよう。

タイミングがずれたら リバウンドを狙う

プラスワン アドバイス

トスとのタイミングはしっかりあわせたいが、ジャンプが遅れたり予測地点と違う場所にトスがあがってしまうなどタイミングがずれたと感じたら、無理せずフェイントでリバウンドをもらおう（P54参照）。再度ボールを拾い体勢を立て直すことも必要だ。

コツ15 Cクイックはセッターとのコンビネーションが重要

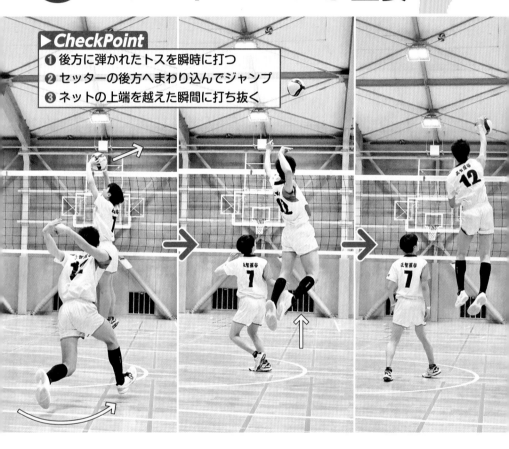

▶ **CheckPoint**

❶ 後方に弾かれたトスを瞬時に打つ
❷ セッターの後方へまわり込んでジャンプ
❸ ネットの上端を越えた瞬間に打ち抜く

　Aクイックに対して逆側にあがったボールを打つCクイック。セッターが前方へトスをあげると見せかけて、後方にあげたボールを打つのが特徴だ。レシーブしたボールがセッターの頭上にあがったら、セッターはジャンプをして体を弓なりに反らしながら小さくバックトス。アタッカーは**セッターのジャンプと同時**くらいのタイミングでセッターの後方へ**まわり込んで踏み込み、指先で弾かれたボールを瞬時に打つ**。動きが読まれなければ、相手ディフェンスの動きを崩すことができ、得点につながる確率が高い攻撃法だ。セッターは見えない方向へトスするので、練習を繰り返して体で動きを覚えよう。

Point ① 後方に弾かれたトスを瞬時に打つ

Cクイックの打つ位置はセッターの後方。セッターからは見えない位置での攻撃になるので、アタッカーの動きが重要になる。小さくバックトスであがったボールを瞬時に打つので、練習を繰り返して、相手ブロックが跳ぶ前に打ち抜けるようにしよう。

Point ② セッターの後方へまわり込んでジャンプ

アタッカーはセッターに向かって小さく助走をし、直前でセッターのライト側横へまわり込みながら踏み込む。瞬時にセッターとネットの位置、相手ディフェンスの動きを確認してボールを捉えるので、瞬間的に打つコースを決断する力も必要とされる。

Point ③ ネットの上端を越えた瞬間に打ち抜く

ジャンプトスは、セッターの手元を離れるとすぐにネットの上端を越える。その時間は1秒もかからないので、打つタイミングを頭で考えていては間にあわない。ボールがネットを越えたと同時に打ち込むことで、相手ブロックがジャンプする前に攻撃できる。

練習を繰り返してセッターとの動きを覚える

プラスワンアドバイス

オープンやA、Bクイックと違い、セッターは見えない方向へトスをあげてくる。攻撃法としては難しいが、成功すれば得点につながる可能性が高い。確実に決めるためには練習を繰り返して、セッターとの動きやボールの位置を体で覚えることだ。

Dクイックで攻撃力を高める

▶ **CheckPoint**
① ボールを叩きつけるタイミングが重要
② アタッカーがリードして攻撃につなげる
③ 相手コートの動きを確認して打ち込む

　Bクイックに対して逆側にあがった
ボールを打つDクイック。セッターがラ
イト方向2～3メートル先へバックトスを
あげる。ボールはネットの白帯とほぼ平
行に飛んでくるため、**叩きつけるタイミ
ングが重要**になる。Bクイック同様、バッ
クスイングからすばやく腕を振りあげて
ジャンプをするが、セッターにボールは
見えていないため、**トスのタイミングを
計るのはアタッカー**だ。セッターの手が
ボールを弾いたときには踏み込み、ジャ
ンプをしているイメージ。**相手コート内
の動きを確認したら一気に打ち抜こう。**
打つタイミングに迷いがあると、相手に
チャンスボールを返してしまうことにな
るので気をつけよう。

Point ① ボールを叩きつける タイミングが重要

横から飛んでくるボールを上から打って決めるためには、的確なタイミングで叩きつける必要がある。タイミングがずれると空振りをしてしまったり、相手にチャンスボールを与えてしまう。失点につなげないために確実なヒットポイントを抑えよう。

Point ② アタッカーがリードして 攻撃につなげる

バックトスをあげた直後のボールは、セッターからは見えていない。体の反りとバネ、手首の返しと指先で弾くときの力加減でボールの距離とスピードを調節している。またレフトからセッターの後ろをまわりこみ、セッターを呼び込む攻撃も習得したい。

Point ③ 相手コートの動きを 確認して打ち込む

どんなスパイクにもいえることだが、アタッカーはいつでもセッターの動きと相手コート内の動きを見る必要がある。どこへどんなスピードでトスがあがってくるのか、相手コート内はどう動いているのかなど、確認してからスパイクを打ち込もう。

フォームの見直しはコーチのアドバイスで

プラスワンアドバイス

クイックはスピードがあるため気持ちが焦り、フォームが崩れても気付かない場合も多い。ときにはコーチや監督、チームの仲間のアドバイスを受け、フォームの見直しをしてみよう。乱れたフォームは肩やヒザの故障につながるので要注意だ。

アタッカーに有利になる "利き目"の話

攻撃にも影響する"利き目"

人には"利き足"や"利き手"のほかに、"利き目"がある。足や手は"右"利きの人が多いが、"目"は"左"という人も少なくない。また利き手と利き目は同じ人が多いと言われているが、まれに手は左利きで利き目が右という人もいる。たとえばサウスポーでライト打ち、利き目が左目の場合は、セッターとアタッカーの距離がレフトより近くタイミングが計りやすいうえ、内側が広範囲で見えやすいので、すばやい動きでスパイクにつなげることができると考えられる。

自分の利き目を知る

利き目の調べ方は簡単。遠くに1つ対象物を決めたら、両目をしっかりあけてそこに焦点をある。次に腕を伸ばして人差し指を顔の前に立て、その対象物と重なって見える位置で止める。その状態で片眼をつぶったときに対象物がぴったり重なる方が利き目だ。普段の生活ではそれほど意識しない利き目だが、すばやい動きを必要とするバレーボールのようなスポーツ選手は、知っておくことでプレーが変わる可能性もあるので、まずは自分の利き目を調べてみよう。

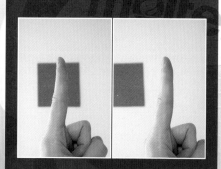

PART 3

実戦的な
スパイク
テクニック

コツ17 狙ったコースを 相手に読ませない

▶ *CheckPoint*
1. コースを狙う技術を身につける
2. 威力だけでなく判断で"落とす"ことも必要
3. 臨機応変にスパイク技を使い分ける

相手の"読み"を外す コースを狙う

　コースを狙い、相手ディフェンスを崩せば得点につながる。それがスパイクの醍醐味だ。やみくもに打つのではなく、「ストレートスパイク」や「クロススパイク」など、コースを狙う技術を習得すること。そしてそれを実戦できるようになるまで、練習を繰り返そう。

　まずは相手チームの動きをよく見て、ディフェンスが弱い場所を見極める。自分がスパイクを打つ位置から見て正面方向の動きが弱いと感じたら、「ストレートスパイク」でラインギリギリを狙って思いきり打ち抜こう。自分とは対角方向の

動きが遅れていたら「クロススパイク」でサイドラインとエンドラインが交差するあたりを狙ってみよう。またスパイクを打つ際、相手コート中央付近に"穴"を見つけたら、瞬時に判断して「フェイント」で軽くボールを落とすのも手だ。

コースを狙う際、動きで相手に読まれてしまってはNG。最初にあてる指でボールをコントロールすることで、コースを狙っていこう。

チームによってはディフェンスをガッチリ固めてくることもある。踏み込み、ジャンプをしたときに相手ブロッカーが目の前に立ちはだかったらどうするか？

その場合は、外側のブロッカーの手の小指あたりにボールをあてて、「ブロックアウト」を狙おう。**相手がこちらの攻撃をどう阻止しようとしてくるか。その動きを見て、"読み"を外すスパイクを打てるようにしよう。**

あらゆるスパイク技術を身につける

スパイクには多くの種類がある。Part 2で記載した「トス別のスパイク」のほか

に、「ストレートスパイク」「クロススパイク」などがある。相手ブロックを利用する「ブロックアウト」もそのひとつ。ほかには、アタックラインより後ろから打つ「バックアタック」や、相手から返球されたネット上のボールを直接叩きつける「ダイレクトスパイク」、セッターとおとり選手と息をあわせる「時間差攻撃」なども相手ディフェンスを崩す効果がある。**それぞれのスパイクを練習に取り入れ、試合で実践できるようになることがアタッカーに必要とされる。**

またレシーブが崩れた場合、思った方向にトスがあがらないこともある。そんなときにもアタッカーは、そのボールで攻撃をしなければならない。威力のあるスパイクを打てるようになることは大事だが、**コースを見極め、思ったところを狙って打ち、ボールの強弱も使い分けられることが大切。そして試合の動きを見ながら、打つべきスパイクを瞬時に判断し、習得したスパイク技を臨機応変に使いわけられるようになろう。**

コツ 18

小指からあてて
サイドライン際を狙う

▶CheckPoint
❶ クロス方向に向かって助走をする
❷ 小指からボールに触れて自然とスナップを利かせる
❸ ブロックが跳んだらブロックアウトに切り替えても

　ネットを挟んで正面の方向へ打つストレートスパイク。相手にコースを読まれないためには、体はクロス方向に向けた状態で助走し、インパクトの瞬間に小指から触れて自然にスナップを利かせて打とう。打つ位置の目安はアンテナの内側付近。うまく通過させられればサイドライン際へ落とすことができる。ブロック

が跳んで打てないと判断したときには、ブロックアウトを狙うことも可能だ。ネットに正対してまっすぐ助走すると、相手にストレートスパイクで攻撃することを読まれてしまうので、クロススパイクを打つ要領でサイドライン外側からクロス方向へ向かって直線的に助走をして指でコントロールしよう。

Point ① クロス方向に向かって助走をする

ストレートに打つときネットに正対してまっすぐに助走をすると、相手にコースを読まれてしまい、ブロッカーはストレート方向で準備をしてしまう。コースを読まれないためには、インパクトの瞬間までクロスの方向に体を向けておくことがポイントだ。

Point ② 小指からボールに触れて自然とスナップを利かせる

コースを打ちわけるのは、最初にボールにあてる指がポイント。右利きの選手がレフトからストレートに打つときは、小指からボールにあて、手首を脱力することで、自然とスナップを利かせて打とう。手首に力が入っているとスナップが利かなくなる。

Point ③ ブロックが跳んだらブロックアウトに切り替えても

ストレートに打とうとしたときに相手ブロックが跳んできたら、無理して力強く打たずにブロックアウト（P56参照）に切り替えるなど、相手の動きを見て臨機応変に攻撃を変える。直前に判断して切り替えるためにも、指先でコースを狙えるようにしよう。

手首をやわらかくして無理せずスナップを利かせる

プラスワンアドバイス

力強く鋭いスパイクを打とうと思いすぎて力んでしまうとスナップが利かせられず、鋭角なコースが狙えなくなる。また手首に力が入った状態でスパイクを打つクセが付くと、手首の故障にもつながる。キャッチボールで手首の使い方を確認してみよう（P98参照）。

中指・薬指から最初にあてて クロスを狙う

▶**CheckPoint**
❶ 体をクロス方向へ向けてまっすぐ助走
❷ 中指と薬指から先にボールにあてる
❸ 人差し指からあてて鋭角なコースを狙う

　正面に打つストレートスパイクに対して、クロススパイクは自分から対角になる位置に打つスパイク。**体はクロス方向へ向けて助走し、インパクトのときに中指と薬指から先にボールにあて、自然に手首のスナップを利かせて打とう。**得点するために狙いたいポイントは、サイドラインとエンドラインが交差するあたり。

　鋭角にアタックライン付近を狙いたいときは人差し指から先にボールにあて、自然にスナップを利かせて打つ。振りおろすときは自然と手首が外側にひねられたようなかたちになる。相手の動きを確認し、また相手にコースを読まれないように注意しながらいろいろな指でコースを操れるように練習しよう。

Point ① 体をクロス方向へ向けて まっすぐ助走

クロスの方向を正面にしてまっすぐに助走
をする。「3歩助走」と「1歩助走」があるが、
勢いで前に体が流れない「1歩助走」を練習
してみよう。その際、踏み込みの足も注意
したいポイント。踏み込む際、ツマ先を少
し内側へ向けてギュッと止まろう。

Point ② 中指と薬指から先に ボールにあてる

サイドラインとエンドラインの交差するあ
たりを狙うときは、中指と薬指からボールに
あてて、正面に向かって思いきり打とう。ス
ナップを利かせ鋭角に打ちすぎるとブロッ
クに止められてしまうので注意。ブロック
の上を通過させることを意識してみて。

※写真は左利きの場合

Point ③ 人差し指からあてて 鋭角なコースを狙う

鋭いクロススパイクを打つときは、人差し
指から先にボールにあてる。狙いはサイド
ラインとアタックラインが交差するあたり。
ボールがネットに沿って、ブロックの前を
通過するように飛ぶのが理想。練習を繰り
返して、攻撃力をアップしよう。

試合で同じに できるとは限らない

練習ではスパイクが決まっていたのに、試合
ではなかなか決まらない…。多くのアタッ
カーに見られる傾向だ。強く打とう、鋭く打
とうという思いが前に出すぎていることがあ
るので、まずはしっかりコースを狙う練習を
取り入れよう。

コツ 20 相手の動きを崩す「頭脳プレー」で攻撃する

▶**CheckPoint**
❶ 相手コートの"穴"を目がけて落とす
❷ 攻撃直前までスパイクの動きで相手を"だます"
❸ リバウンドをもらってプレーを立て直す

スパイクを打つと見せかけて、相手コートの"穴"へ落としたり、ブロックアウトを狙う際に使うのがフェイントだ。ボールにスピードはないが、相手の動きを崩す「頭脳プレー」として有効な攻撃法だ。**攻撃直前まではスパイクを打つ動作をすることがポイント。打つ瞬間に腕の振りのスピードを弱め、ブロックの落ち**際を狙って軽く落とそう。相手の動きを見ながら瞬時に判断して切り替える俊敏さも大事。ただし失敗すると相手のチャンスボールになってしまうので、**相手を「だます」つもりで取り組みたい。**相手ブロックの手の端に軽く当ててブロックアウトを狙ったり、リバウンドをもらってプレーを立て直すときにも有効な攻撃法だ。

Point ① 相手コートの"穴"を
目がけて落とす

フェイントはスパイクが打てないときの逃げ道ではなく、攻撃法の1つとして使えるように練習しよう。相手の動きを見ながらスパイクの体勢をとり、指でポンとボールを弾いて落とす。セッターにレシーブさせ、3段攻撃を崩すのも手だ。

 Point ② 攻撃直前までスパイクの
動きで相手を"だます"

相手にスパイクを打つと見せかけるため、フェイントをする直前まではスパイクを打つ動きをする。ブロックが跳び、ディフェンスがスパイクを受ける体勢になったところへボールを落として動きを崩そう。"だまし"のプレーとして活用したい。

 Point ③ リバウンドをもらって
プレーを立て直す

あえてブロックの手にボールをあててリバウンドをもらい、プレーを立て直すときにも使えるフェイント。ボールの下を滑らすように叩き、逆回転させるとうまくリバウンドをもらいやすい。失敗するとブロックされてしまうので、慎重に行おう。

最高の体勢で
フェイントを行う

 **プラスワン
アドバイス**

トスが乱れたりタイミングがあわないからとりあえずフェイントで返す、では相手に読まれてしまう。フェイントを攻撃として使うなら、最高のスパイクを打てる体勢のときに使うことをすすめたい。スパイク練習の1つとして組み込んで習得しよう。

コツ 21 相手ブロックを利用して得点する

▶CheckPoint
❶ サイドライン側の手の端にボールをあてる
❷ 指先にあててエンドライン後方へ出す
❸ ボールのコントロールに気をつける

相手ブロックの手にボールをあててコートの外に弾き出すブロックアウト。ブロックが立ちはだかっても、この攻撃法を習得していれば得点することができる。**ボールをあてる場所は相手ブロックのサイドライン側の手の端。**強いスパイクで攻撃をすると見せかけて、瞬時に力を調整してタイミングをずらしてあてる

イメージだ。**エンドライン後方を狙い、指先にあてるのも手。**コントロールを失敗するとブロックされてしまうので気をつけたいが、ブロックを恐れてサイドライン側に打つとサイドラインの外に落ちてしまったりアンテナにあたり、アウトや反則をとられる場合もあるので気をつけよう。

Point ① サイドライン側の手の端にボールをあてる

スパイクを打つときブロックに跳ばれたら、サイドライン側の手の小指にボールをあてて弾かせれば、ボールは小指をかすめてそのまま後方へ流れる。レシーバーはブロックフォローの体勢に入っているので、落ちるボールを拾えないことが多い。

Point ② 指先にあててエンドライン後方へ出す

ボールを指先に弾かせてエンドライン後方へ飛ばしてブロックアウトをとる場合は、指の第一関節付近を狙えるように練習しよう。スパイクは鋭角に打たず前方へ打つイメージ。角度をつけるとブロックで止められてしまうので気をつけよう。

Point ③ ボールのコントロールに気をつける

ブロックアウトをとるときに気をつけたいのは、ボールのコントロール。相手ブロッカーもスパイクを打つ選手の動きを見ているので、数センチのズレでブロックされてしまう可能性も。しっかりボールをコントロールできるようになるまで練習しよう。

失敗を恐れずに攻撃する

プラスワンアドバイス

ブロックアウトをとろうと思ったら相手ブロックが上回り失点…、という場合もある。悔しさはあるが、アタッカーが何を狙って失敗したのかがわかれば、自分を含め仲間のモチベーションがさがることはない。気持ちを切り替えて次のプレーに集中しよう。

コツ 22 ブロードで相手を惑わす

▶ **CheckPoint**
① セッターの脇を通過して後方へまわり込む
② 体のひねりを最大限に利用して勢いをつける
③ セッターと息をあわせて練習をする

　左右にすばやく移動し、相手を惑わして攻撃するブロード。クイックの際、セッターの方に向かって助走をし、セッターの脇を通過してすばやく逆サイドへまわり込んで打つ。斜めに走り込んでからスピードを落とさずにネットに正対して打つので、踏み込みの角度に注意し、打つときに体にひねりを加える必要がある。打つ瞬間に指からボールにヒットしつつ自然と手首のスナップを使い、ストレートとクロスの両方を打ちわけられるように練習しよう。セッターにボールがわたったときには助走のコースを決めていないと間にあわないので、練習を繰り返して動きとタイミングを体で覚えてマスターしたい攻撃法だ。

Point ① セッターの脇を通過して 後方へまわり込む

トスがあがる位置とは反対側から大きく移動をして、セッターの脇を通過し、セッターの後方へまわり込んでスパイクを打つ。相手ブロッカーを惑わすためには助走のスピードが重要なので、スタートからすばやく動けるようにしよう。

 Point ② 体のひねりを最大限に 利用して勢いをつける

斜めに走り込んでからすばやくネットに正対して打つので、体をひねる動作が重要になる。踏み込みの際、ツマ先を内側に向けて「ギュッ！」と踏ん張り、腕の振りも利用して体をひねりながら打とう。バランスを崩さないように注意が必要だ。

 Point ③ セッターと息をあわせて 練習をする

セッターにボールがわたったとき、アタッカーはどのコースで助走をするかを判断する必要がある。攻撃性は高いが、セッターとの高度なコンビネーションプレーとなるので、いろいろなバリエーションで練習を繰り返しながら習得しよう。

片足で踏み込んで ジャンプ

 **プラスワン アドバイス**

ブロードは移動しながらスパイクを打つため、両足で踏み込むのは難しい。走りながら片足で踏み込み、空中で体をひねってネットに正対し、コースを見極めて打つ必要がある。ネットに近すぎるとセンターラインを踏み越えてしまうので注意しよう。

コツ 23 バックゾーンから 高さと強さで攻撃する

▶ **CheckPoint**

❶ バックゾーンで助走してアタックライン手前で踏み込む
❷ 前方斜め上を目がけて思いきりジャンプする
❸ ドライブをかけてエンドラインぎりぎりを狙う

　後衛の選手が、アタックラインの後方で踏み切って攻撃するバックアタック。ネットまでの距離があるので、パワーのある選手に向いている攻撃法だ。**助走はバックゾーンで行い、踏み込みはアタックライン後方ギリギリの位置を意識しよう**。そのまま勢いよく前方斜め上にジャンプ。ヒジを思いきり後ろに引きながら体を反らし、体が"くの字"になるくらいまで反りを戻しながら思いきり打ち込む。ジャンプサーブに近い動作をするイメージだ。鋭角に打つとネットにかかってしまうので、**ボールにドライブをかけながら前方へ打つ練習をするとよい**。コースはエンドライン付近を狙い、直接得点につなげよう。

Point ① バックゾーンで助走して アタックライン手前で踏み込む

アタックラインより後方から強いスパイク
を打ち込むためには、高いジャンプが必要だ。
レシーブしたボールがセッターに届く前に
はバックゾーンの後方までさがり、助走を大
きくとって勢いをつけ、アタックライン手前
で踏み込んで思いきりジャンプする。

Point ② 前方斜め上を目がけて 思いきりジャンプする

ほかのスパイクは高くジャンプすることを
意識するが、バックアタックの場合はネッ
トから距離があるため高く遠くへ跳ぶ必要
がある。助走のスピードと腕のスイングを
利用して、ネットに向かってジャンプする
勢いで踏み込んで跳ぼう。

Point ③ ドライブをかけて エンドラインぎりぎりを狙う

アタックラインの後方から打つため、ス
ナップを利かせて鋭角に打つとネットにか
かったりブロックされてしまう。狙いを定
めるならサイドラインとエンドラインが交
わるあたり。前に向かって打つときにボー
ルにドライブをかけると後方で落ちる。

アタックライン越えの パッシングセンターラインに注意！

プラスワン アドバイス

助走で勢いをつけて前に向かってジャンプを
するので、勢い余って踏み込みのときにア
タックラインを越えてしまうとパッシングセ
ンターライン反則を取られてしまうので注意
しよう。助走をしながら、アタックラインや
ネットとの距離を意識しておく必要もある。

コツ 24 ボールがネットを 越えてきたら打つ

▶**CheckPoint**
❶ ネットを越えてきたボールを直接打つ
❷ ボールを捉える位置が低くならないように
❸ 相手の動きを見て攻撃法を判断する

　相手がスパイクを打てず、返球された ボールを直接打ち込むダイレクトスパイク。使う場面は、こちらがスパイクを打ったあとに相手のレシーブが乱れてネットを越えてきたときや、フェイントで攻撃してきたときなど。**スパイクを打って着地し、すぐにジャンプをして打つという動きになることも多い。助走が出来ない**ため、**ボールを捉えるポイントがさがってしまいがちなので注意しよう。**またゲームの流れの中でダイレクトスパイクを打つか、ブロックやフェイントで返すべきか、または1歩さがってレシーブをしてつなげるかを判断する必要もある。スパイクを打った直後にダイレクトスパイクを打つという練習も取り入れよう。

Point ① ネットを越えてきた ボールを直接打つ

相手のレシーブが乱れたりフェイントなどでボールがネットを越えてきたら、ダイレクトスパイクのチャンスだ。ボールのスピードや高さを見ながら、ネット際でジャンプをして打つ。すばやく打てばブロックが間にあわず、得点につながることも多い。

 Point ② ボールを捉える位置が 低くならないように

スパイクを打って着地したらすぐにダイレクトスパイクのチャンスがくることが多く、助走をとれずにその場でジャンプをしなければならないこともある。ボールを捉える位置が低くならないように、ヒザの屈伸やバネを使って一気に跳びあがろう。

 Point ③ 相手の動きを見て 攻撃法を判断する

ボールがネットを越えてきたからといって、やみくもにジャンプして打つと失敗につながる可能性もある。相手リベロやレシーバー、ブロッカーなどの動きを見て打つべきではないと判断したら、1歩さがってレシーブをしてつなげることも有効だ。

タイミングがあわないとミスにつながる

プラスワンアドバイス

ネットを越えてきたボールの高さに対してジャンプする位置を間違えると、ダイレクトスパイクに威力がなくなり、相手にチャンスボールを与えてしまう。タイミングがあわないと、空振りをしてしまい失点につながってしまう場合もあるので注意しよう。

コツ 25 タイミングをあわせて後方からのトスを打つ

▶CheckPoint

❶ 助走はできるだけ後方からスタートする

❷ タイミングをあわせて踏み込み地点を探る

❸ ブロックを避けてドライブをかける

　二段トスは、フロントゾーン以外から大きく高くあがってくる。レシーブが乱れたときにセッター以外の選手からあがってくることも多いので、通常のスパイクの要領で打つと失敗につながることがあるので気をつけたい。まず**二段トスはアタッカーの後方からあがってくる。**そのトスを確実に相手コートに打ち込む

ために重要なのは、タイミングをあわせることだ。**トスをあげる人と、できるだけ同じくらいの位置までさがり、助走を開始。**同時に相手ブロックもゆとりを持って複数枚が準備をしてくるので、ブロックを避けながらボールにドライブをかけて打ち抜こう。コースを狙ってブロックアウトをとるのも手だ。

Point ① 助走はできるだけ 後方からスタートする

スパイクを打つ際、後ろからのトスは打ちにくいので、できるだけ助走のスタートを後方からとれるようにしよう。レシーブが乱れた時点で二段トスがあがることを意識して、ボールを見失わないように、すばやく後方へ移動できるようにしよう。

 Point ② タイミングをあわせて 踏み込み地点を探る

二段トスは可能な限りフロントゾーンの高い位置を目がけてあげてくるが、オープントスのように位置が確定しないため、アタッカーは踏み込み地点を探りながら助走をする必要がある。タイミングも重要なので、普段のスパイク練習に組み込んでいこう。

 Point ③ ブロックを避けて ドライブをかける

バックアタック同様ネットから離れた位置で打つことも多いので、打つ角度にも注意しよう。ブロックの位置を確認し、鋭角に打たず前方を目がけるイメージ。ボールにドライブをかけて、エンドライン付近を狙って打つと相手の動きを崩すことができる。

ムリを感じたら ジャンプをせずにスパイク  プラスワンアドバイス

トスがネットから大きく離れたり、高さがなかった場合は、無理をしてジャンプをするのではなく、ジャンプをしないスパイクに切り替えよう。相手コート内を見て"穴"やリベロ以外の選手を狙うなど、コースを見極めて打てるようにしよう。

コツ 26 おとりの上から セミトスで攻撃する

▶ **CheckPoint**
1. クイックで攻撃すると見せかける
2. おとり選手の上からボールを叩きつける
3. いろいろな方向から打てるように練習する

1人の選手をおとりに使い、相手ブロックを引きつけておいてほかの選手が打つ。時間差をつけて相手ブロックの動きを崩して攻撃する方法だ。おとりの選手はクイックを打つ動きでセッターにあわせてジャンプをする。「実際には打たない」という気持ちで軽く動くと相手に読まれてしまうので、「本気で打つ」つもりで動く

のがポイント。セッターもトスをあげる瞬間までクイックの要領で動き、手にボールが触れた瞬間セミトスに切り替える。**実際に打つ選手は後方からすばやく走り込み、あがったセミトスを打ち抜く。**セミトスやバックトスなど、いろいろな方向から打てるようにするとより攻撃力がアップする。

Point ① クイックで
攻撃すると見せかける

相手の守備を崩すために、時間差でスパイクを打つ。おとりの選手はAクイックで打つと見せかけるのだが、実際に打つときと同じような動きをしないと、相手に見破られてしまうので注意が必要。実際に打つアタッカーも動きを読まれないように！

 ## Point ② おとり選手の上から
ボールを叩きつける

おとりの選手はスパイクを打つ動作をするが、実際には打たず、後ろから助走してきたアタッカーがクイックよりも少し高めにあがったトスを打つ。ジャンプのあと着地をするおとり選手の上でボールを捉えて、叩きつけるイメージで打とう。

 ## Point ③ いろいろな方向から
打てるように練習する

実際に打つ選手は、Aクイックで跳んでいるおとりの選手の後方からジャンプをしたり、後ろを通過してバックトスで打つなど、1カ所からだけではなくいろいろなトスで打てるようにしよう。セッターとおとり選手、実際に打つ選手で練習を繰り返そう。

NG

 ### おとりの選手との
接触に注意！

**プラスワン
アドバイス**

おとりの選手が着地して、実際に打つアタッカーがジャンプをする。セッターを含めると、ネット付近に多くの選手が密集することになる。実際に打つアタッカーはやや斜め方向から助走をすると、おとり選手との接触を防ぐことができる。

コツ 27　ワンテンポずらして ジャンプをする

▶ **CheckPoint**

① トスの高さを変えてスパイクのタイミングをずらす
② 踏み込んだら一呼吸おいてジャンプをする
③ 自らのスパイクリズムを崩して攻撃する

　ワンテンポずらしてジャンプをして打つ1人時間差攻撃は、攻撃のレパートリーを増やすために習得したいプレーだ。Aクイックを打つ要領で助走をしたら、踏み込みの体制に入る。セッターも同様にAクイックのトスをあげるように動くが、あげる瞬間にトスを高めに切り替える。アタッカーはトスの高さにタイミングをあわせるように、踏み込みでヒザを曲げて、一呼吸おいてからジャンプして、時間差で攻撃する。相手ブロックはAクイックを阻止するためジャンプをしているため、実際に打つときには着地してしまいボールに手が届かなくなる。自らスパイクのリズムを崩す難しい攻撃法なので、練習をしながらタイミングを覚えよう。

Point ① トスの高さを変えて スパイクのタイミングをずらす

アタッカーはAクイックを打つ体勢をとり、セッターも攻撃体勢に入る。ジャンプをする直前にセッターがトスを高めに切り替え、アタッカーはジャンプのタイミングをずらしてスパイクをする。1人で相手の守備の動きを崩す攻撃法だ。

Point ② 踏み込んだら一呼吸おいて ジャンプをする

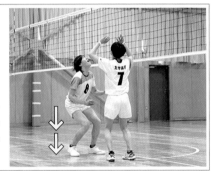

ジャンプのタイミングをずらすためには、踏み込んだときに一度踏みとどまってから跳びあがる必要がある。相手ブロックはセッターの動きも見ているので、相手に見破られないように打とう。いかに見破られずにタイミングをずらすかがポイントだ。

Point ③ 自らのスパイクリズムを 崩して攻撃する

助走をして踏み込み、ジャンプをしてスパイクを打つ。この一連のリズムを崩すのはアタッカーにとってもセッターにとっても難しいところだが、修得すれば攻撃レパートリーが増える。ボールを使わず、踏み込みからジャンプだけの練習もしてみよう。

多用しないが 習得したい攻撃法

プラスワンアドバイス

1人時間差攻撃を実際にやっている選手をあまり見かけない。トップレベルのゲームではあまり多用しないが、普段のスパイク練習に組み込んで習得できれば、ここぞというときに使える攻撃法。レパートリーを増やすためにもマスターしたい攻撃法の1つだ。

コツ 28 ネットから離れたスパイクは コースを狙う

▶**CheckPoint**
❶ 強さよりコースを狙ってスパイクを打つ
❷ アタックラインの両サイド付近を狙う
❸ 慌てずにボールを捉えて打つ

　レシーブが乱れてトスがネットから離れた場合、強いスパイクを打つのは難しくなるので、**スピードよりコースを狙って打とう。狙いはアタックラインの両サイド付近。あえてセッターにレシーブをさせて、次の攻撃をスムーズに進ませないようにするためだ。** ストレート方向へ打つ場合は、アンテナの内側ギリギリ付近を通過させよう。クロス方向へ打つ場合は、サイドラインとエンドラインが交差するあたりを狙うのも有効。ボールにドライブをかけて、後方へ落とすのも手だ。狙いを定めるためにも、まずは相手コート内の動きを確認するように。乱れたトスを打とうと慌てると失敗につながるので、**的確にボールを捉えて打とう。**

Point ① 強さよりコースを狙って スパイクを打つ

二段トスがフロントゾーン内にあがってくればいいが、ネットから離れた場所にあがってきた場合は、強さよりもコースを狙うスパイクで攻撃する。後方から鋭角にスパイクを打つとネットにかかってしまうので、ドライブを利かせて前に打つように。

 Point ② アタックラインの 両サイド付近を狙う

二段トスがあがってくると慌ててしまい、どの位置から助走をするかわかりにくくなる。「ネットからどれくらい離れているのか」「トスの高さはどのあたりか」　など、二段トスの流れをしっかり見てから、できる限りベストな状態で打てる場所を見つけよう。

 Point ③ 慌てずに ボールを捉えて打つ

どんなスパイクにもいえることだが、アタッカーはいつでもセッターの動きと相手コート内の動きを見る必要がある。どこへどんなスピードでトスがあがってくるのか、相手コート内はどう動いているのかなど、確認してからスパイクを打ち込もう。

トスをあげる選手は アンテナと支柱を狙う

プラスワン アドバイス

二段トスをあげる側は、トスをあげる位置に注意しよう。アンテナと支柱のあたりを目がけてあげると、ちょうどオープンスパイクを打てる付近にあがる。アンテナだけを目がけるとネットに寄りすぎてしまうので気をつけてあげよう。

コツ 29 フローターサーブの要領で スパイクを打つ

▶CheckPoint
① ジャンプをしないでコースを狙って打つ
② フローターサーブの要領で打つ
③ アンダーやオーバーでコースを狙う

　乱れたトスからスパイクを打つときは、ジャンプをしないスパイクでコースを狙うのも手だ。**地に足をつけたまま、フローターサーブを打つ要領でヒジを後ろに引きながら体を反り、腕の振りおろしと体の反り戻しを使って打つ。**ボールにドライブをかけると、相手コートの後方でボールが落ちるので得点につながる可能

性もある。トスが乱れると、相手選手もブロックの狙いを定めにくいので、動きが崩れることが多い。うまく相手ブロックを避けて、的確なコースを狙おう。ネットからの距離がありすぎてスパイクを打つのは難しいと判断したら、無理せずにオーバーハンドやアンダーハンドでコースを狙うのも有効だ。

**Point 1 ジャンプをしないで
コースを狙って打つ**

コースを狙う際、コートの"穴"を狙うか、相手コート内にリベロがいない場合はバックゾーンにいるミドルの選手を狙おう。セッターが後衛にいる場合はセッターの前、エースアタッカーの前などに落としてレシーブをさせるのも手だ。

**Point 2 フローターサーブの
要領で打つ**

打ち方はフローターサーブの要領。スナップを利かせるとネットにかかってしまうので、ボールのやや下あたりを打って前へ押し出し、ドライブをかけてボールに変化をつけよう。ボールの下を打って逆回転をかける技を習得できれば攻撃力もアップする。

**Point 3 アンダーやオーバーで
コースを狙う**

スパイクが打てない状況になり、オーバーハンドやアンダーハンドで返球する場合も、ただボールを返すのではなくできる限りコースを狙っていこう。ネット上ギリギリを通過させたり、フロントゾーン内に落とすことを意識してみよう。

**返球したあとの動きを
崩す攻撃をする**

プラスワン
アドバイス

リベロやレシーバーにボールを返してしまうと、その後の攻撃がスムーズに行われてしまう。コースを狙う際は、空きスペースに落とすだけでなく、セッターやエースアタッカーに拾わせて、その後の動きを崩すのも有効な攻撃法だ。

コツ 30 リバウンドは 自分がもらって立て直す

▶ CheckPoint
① 慌てずに判断してよりベストな攻撃をする
② ブロックにボールをあててリバウンドをもらう
③ 声を出しあって動きを確認する

　トスが乱れた場合、まずは慌てずに行動すること。レシーブが乱れた場合、トスをあげるのはセッター以外の選手になることも多い。アタッカーが助走の準備をする位置も、トスがあがってくる位置や方向によって変わってくる。まずは**ボールの動きをよく見て、その都度判断して動けるようにしよう。**相手ブロックが跳ぶ準備をしていたらあえてブロックにあててリバウンドをもらい、プレーを立て直すために利用しよう。その場合リ**バウンドは他の選手に任せるのではなく、自分がもらうと次のプレーにつなげやすい。**また誰がトスをあげようとしているのかわかるように、声を出しあうことも大事だ。

Point ① 慌てずに判断して よりベストな攻撃をする

レシーブがセッターにあがらないとスムーズな攻撃ができなくなるため、慌てて判断ミスをする場合がある。瞬時に判断してベストな攻撃につなげるためには、レシーブが乱れて二段トスになった場合など、あらゆる場面を想定した練習も取り入れよう。

 Point ② ブロックにボールをあてて リバウンドをもらう

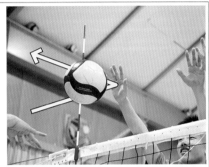

トスが乱れてスパイクを打てないと判断した場合、無理せず相手ブロックにボールをあててリバウンドをもらうのも手だ。戻ったボールはできる限り自分で拾い、セッターへレシーブ。プレーを立て直して、再度攻撃につなげるチャンスと考えよう。

 Point ③ 声を出しあって 動きを確認する

セッター以外の選手がトスをあげる場合は声を出しあうようにしよう。ボールの位置によってはアタッカーがトスをあげなければいけないこともあるが、可能な限り他の選手が声を出してトスをあげ、アタッカーはスパイクを打てることが理想だ。

ボールを落とさず 次につなげる

3段攻撃ができることが理想だが、レシーブから崩れてしまうこともある。それでもバレーボールはボールが床に落ちなければ失点にはならないので、どんなに崩されてもまずはあきらめずにボールを追いかけ、落とさずにつなげることを第一に考えよう。

メンタルを強くして気持ちを切り替える

失敗を引きずらない

　スポーツでいい結果を出すためには、技術や体力の強化だけでなくメンタル面を強くする必要がある。たとえば思いきりスパイクを打ったがブロックされ、相手に得点されてしまったとき。メンタルが弱いと次にスパイクを打つときに力んで失敗してしまったり、ブロックの動きが気になって思いきり打てなかったりということも・・・。メンタルの弱さは、プレーにも周りの選手にも影響してしまうことも多く、結果得点できない"落とし穴"に陥ってしまうことも少なくない。

気持ちの切り替えが大事

　実力はあるのに試合になると力を発揮できない人は、プレッシャーに弱い可能性が高いので、メンタルコントロールをできるようになろう。まずは失敗しても気持ちを切り替えて、次のプレーに集中するように意識すること。そして自分が納得のいく状態でできたプレーをしっかり記憶することが、よいイメージトレーニングにつながると考えられる。またチーム内で声をかけあったり、試合以外のときに士気を高めて次の試合に挑もう！

PART 4

スパイク以外の
テクニック

コツ 31
スパイク以外の攻撃力もアップする

▶*CheckPoint*

❶ ブロックの基本を身につけて攻撃を阻止する
❷ ネット際のプレーをマスターする
❸ 自分にあったサーブをみつけて自分のものにする

ブロックで攻撃を阻止する

　バレーボールの攻撃のメインはスパイクだが、アタッカーはスパイクだけ習得すればいいというわけではない。とくに前衛にいるときは、相手のスパイクを阻止するブロッカーとしての役割も果たす必要がある。ブロックは1枚、2枚、3枚で跳ぶが、スパイクを打ってくる位置やゲームの流れによって使い分けよう。ど**んな場面でも、またどのタイミングでも跳べるように、ブロックの基本をしっかりマスターする必要がある。**ネット際でフットワークよくスパイクの位置に移動し、ジャンプと同時に顔の横から上に向

かって思いきり両手を伸ばす。手首は固定し、指先までしっかり力を入れてスパイクを阻止しよう。

またネット際では攻撃以外にも習得したい技術がある。レシーブが乱れてネットにあたってしまったときの処理のしかただ。まず覚えたいのは、ボールがあたる位置によってボールの落下のしかたが違うということ。**ネットの中央や下の方にあたると、ボールはふわっと跳ね返るが、上の方にあたると勢いよく落下する。**あたる位置を確認すると同時に、ボールを受ける位置と高さを判断できなくてはならないので、自分でボールをネットにあてて、跳ね返ったボールを受けてトスにつなげる練習をしよう。

■ サーブを 自分のものにする

バレーボールの中で唯一の個人プレーがサーブ。サーブはゲームの最初に行うプレーなので、決まるか決まらないかで

チーム全体のテンションも変わってくる。だからといって確実に入る安全なサーブだけを打っていては攻められない。ときには直接得点につながる攻撃的なサーブを入れたい場面もある。どんなときにもしっかり打てるよう、**自分にあったサーブをみつけるようにしよう。**

サーブには多くの種類があるが、コントロールしやすくて多くの選手が使っているのが「フローターサーブ」だ。習得しやすいので、バレーボール初心者にも人気が高い。フローターサーブにジャンプを加えたものが「ジャンプフローターサーブ」。フローターサーブより高い打点でボールを捉えるので、安全且つ攻撃的なサーブといわれている。「ここで得点したい！」というときは、「ジャンピングサーブ」でスパイクのように打ち抜こう。

練習ではいろいろなサーブを試し、まずは自分にあったサーブをみつけて自分のものにすることが大事だ。

コツ 32 攻撃を阻止する ブロック技を磨く

▶ **CheckPoint**

❶ スパイクを打ったらブロックの体制に入る
❷ ヒザを緩めて相手の動きにあわせて移動
❸ 手首を固定してボールを捉える

アタッカーはスパイクを打つ以外に、ブロックで相手の攻撃を阻止する場面が多い。**ブロックを成功させるためには腕力やジャンプ力以外に、相手の動きを読んですばやく行動に移す瞬発力や判断力も必要。**トスがあがりアタッカーが助走を開始したら、両手を顔の横あたりに立てて構える。ヒザを緩めて相手の動きに

あわせたら左右に移動する。相手アタッカーが打つ位置を確認したら、低くしゃがみこんでから思いきりジャンプ。**跳びあがると同時にヒジを伸ばしてスパイクを止める。手首を固定し、白帯の上に覆いかぶせるようにしてボールを捉える。**相手コート内の動きをしっかり見ることも重要だ。

Point ① スパイクを打ったら ブロックの体制に入る

アタッカーはスパイクを打つだけではなく、前衛選手としてブロックに跳ぶ役割も担っている。相手のレシーブがあがり攻撃体勢に入ったら、すぐに移動してブロックに跳ぶ準備をする。打ったボールの流れをしっかり追うことが重要だ。

Point ② ヒザを緩めて 相手の動きにあわせて移動

すばやく左右に移動するためには、ヒザを緩めることがポイント。ジャンプをする際にもヒザの屈伸を使うので、棒立ちにならないよう注意しよう。トスがあがったら相手アタッカーの動きを見て、スパイクを打つ位置を予測して移動しよう。

Point ③ 手首を固定して ボールを捉える

スパイクを止めるときは、手首を少し前に倒すようにして固定。強いスパイクに負けない体勢をつくることが大事だ。ボールを捉えたら手首と腕に力を入れ、体をじゃっかん"くの字"にする。白帯の上に手を覆いかぶせるようなイメージで止めよう。

オーバーネットに 注意する!

プラスワン アドバイス

ブロックのときに気をつけたいのが「オーバーネット」の反則だ。相手選手のプレーを妨害しない限り両手がネットを越えても反則にはならないが、相手が打ったボールが相手コート内にあるとき、片手でヒットすると反則を取られるので気をつけよう。

コツ 33
センターの選手と
息をあわせてジャンプ

▶CheckPoint

① 2人の選手がそれぞれ相手の動きを見る
② 声を出しあい息をあわせてジャンプ
③ サイドステップとクロスステップを使いわける

　相手の攻撃体勢によってブロックの枚数は変えるが、**複数枚のブロックは1枚ブロックよりもスパイクを阻止する確率があがる。**レフトアタッカーが2枚ブロックに跳ぶ場面は、相手がライトやセンターから打ってきたとき。センターの選手と組んでブロックに跳ぶので、**2人の息があっていることが重要だ。**2人の選手がそれぞれ相手の動きを見て、トスがあがる位置を読んだらタイミングをあわせてジャンプ。その際、声を出しあうとあわせやすい。移動も2人でタイミングをあわせてすばやく行う。移動する距離にあわせて、サイドステップとクロスステップを使いわけてすばやく効率的に移動できるように練習しよう。

Point ① 2人の選手がそれぞれ相手の動きを見る

レフトアタッカーが2枚ブロックに跳ぶときは、センターの選手と2人で行う場面が多い。ライトやセンターからのスパイクを止めることが多いが、左利きのエースアタッカーが攻めてくることもある。2人がそれぞれ相手の動きを確認して行動しよう。

Point ② 声を出しあい息をあわせてジャンプ

2人の選手で息をあわせてブロックしてスパイクをとめるためには、声を出しあうとタイミングをあわせやすい。移動するときにもアイコンタクトをとるなどのコミュニケーションをとろう。ボールを使わずに移動とジャンプの練習をするといい。

 Point ③ サイドステップとクロスステップを使いわける

レフトからセンターやライトまでの長い距離を移動するときはクロスステップが好ましいが、左右に数歩動く程度の移動はサイドステップで移動しよう。セッターの動きをよく見てブロックに跳ぶ位置を確認したら、効率的なステップで移動しよう。

ブロックアウトに注意する

プラスワンアドバイス

ブロックに跳ぶ際、注意したいのはブロックアウトだ。レフトでブロックに跳んだ場合は、小指付近にボールをあててくる可能性が高いので、腕と指にしっかり力を入れて、手首を固定した状態で壁をつくるようにしてボールを受けよう。

コツ 34 トスがあがる位置を読んで移動する

▶**CheckPoint**
1. "壁"をつくるイメージで跳ぶ
2. 指を大きく広げて手首を固定する
3. 移動距離が長いのでクロスステップで走る

　3人の選手が同時に跳ぶ3枚ブロック。1枚2枚に比べて"壁"が広がるので、相手のスパイクを阻止できる確率が高くなる。ポイントは2枚ブロック同様、3人でタイミングをあわせること。トスがあがる位置を読んだら一気に移動。**隣の選手との距離を調整しながらジャンプをしたら、隙間をつくらず"壁"の面積を広げるよう**なイメージで、**指を大きく広げて手首を固定する。**手と手の隙間に打ち込まれないように、瞬時に腕を左右に動かしてスパイクをとめよう。レフトからライト方向まで移動する場合は、距離があるので**クロスステップで走るように移動しよう。**低めの姿勢で走り込み、勢いをつけてジャンプをしよう。

Point ① "壁"をつくる イメージで跳ぶ

2枚ブロック同様、"壁"をつくるイメージで跳ぶ。3枚ブロックの方が壁の幅が広がり、2枚ブロックより威力が増す。隣の選手との隙間をなるべくつくらないように意識して3人で跳ぶ位置を調整。息をあわせて一気にジャンプしよう。

Point ② 指を大きく広げて 手首を固定する

スパイクをとめるときは、ボールの強さに負けないように指の開きを大きくし、手首を固定。ボールを捉える瞬間には体を"くの字"にして、3人それぞれが全身の力でスパイクをとめよう。このとき、ブロックアウトをとられないように注意する。

Point ③ 移動距離が長いので クロスステップで走る

3枚ブロックはレフトからライトなど長い距離を移動することが多い。サイドステップではスピードが出ないので、クロスステップで走るように移動しよう。勢いがつきすぎて隣の選手とぶつからないよう、「ギュッ！」と止まって上へジャンプする。

トスを読む 技術を養う

プラスワン アドバイス

ブロック全般で大事なことは、相手のトスの位置を読めるかどうかだ。レシーブがあがりセッターが準備体制に入ったとき、まわりの選手に目をやることで助走の準備に入っている選手がわかる。相手の動きを読む訓練も練習に取り入れていこう。

コツ 35 ネットにあたっても 拾ってつなげる

▶ **CheckPoint**

❶ ネットにかかったボールは落とさず拾う
❷ 跳ね返りの角度や速さを把握する
❸ 低い姿勢で受けてトスにつなげる

　レシーブが乱れてボールがネットにあたっても、床に落とさずにつなげれば失点にはならない。そのままトスをあげれば、スパイクにつながり攻撃することもできる。ネットから跳ね返ったボールを拾うコツは、**あたる場所や速度によって違う跳ね返り方を覚えること**。中央より下にあたったボールは、一度ネットが受け止めてからふわりと跳ね返る。逆に白帯近くの高い位置にあたると、下へ落下するように落ちてくる。レシーブしたボールがネットにあたると判断したら、**できるだけ低い姿勢でボールの跳ね返る位置へ移動**。跳ね返ったボールを受けたら、なるべく高めにパスをして攻撃につなげよう。

Point ① ネットにかかった ボールは落とさず拾う

レシーブしたボールがネットにあたったときは、あきらめずに拾ってつなげれば攻撃できる。跳ね返ったボールはセッターだけに任せるのではなく、動ける選手が拾ってなるべく高めにパスをして、スパイクで返せるように練習をしよう。

Point ② 跳ね返りの角度や 速さを把握する

ネットはボールがあたる場所によって、跳ね返る角度が違う。中央や下の方にあたるとネットが一度ボールを受け止めてからふわりと跳ね返るが、白帯付近にあたると下に落下してくる。ネットのいろいろな場所にボールをあててみて落ち方を覚えよう。

Point ③ 低い姿勢で受けて トスにつなげる

ネットから下に向かってボールは落ちるので、高い姿勢では高いパスがあげにくい。できるだけ低い姿勢で、跳ね返ったボールの下から拾いあげるようにするとあげやすくなる。オーバーハンドがムリな場合はアンダーハンドで高めにあげよう。

体はコートの 内側に向ける

プラスワン アドバイス

ネットにあたったボールを拾う際、体はネットに正対するのではなくコートの内側を向くようにしよう。レフト側ならレフトに背を向け、ライト側ならライトに背を向ければボールが拾いやすく、次にほかの選手が攻撃しやすい位置にあげることができる。

コツ
36
腕の力と体重移動で
前へ押し出す

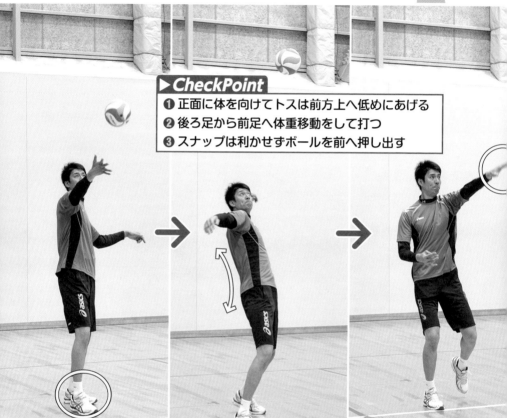

▶ *CheckPoint*
1. 正面に体を向けてトスは前方上へ低めにあげる
2. 後ろ足から前足へ体重移動をして打つ
3. スナップは利かせずボールを前へ押し出す

　フローターサーブはコントロールしやすいため、多くの選手が使うサーブだ。コートに対して正面に体を向け、サーブを打つ腕と逆の足を前へ出してトスは前方上へあげる。**トスは高すぎるとコントロールしにくくなるので低めがベター。**トスだけの練習を繰り返して、打ちやすい高さを研究しよう。トスをあげたらヒジを後ろへ引いて上体を反らし、体重は後ろ足へ乗せる。反らした体を戻しながら**前足へ体重移動をしながら腕の力を加えて前へ打ち出す。**腕を振りきってスナップを利かせてしまうとネットにかかってしまうので気をつけよう。**ツマ先を打つ方向へ向けるとコースを狙いやすくなる。**

Point ① 正面に体を向けて トスは前方上へ低めにあげる

フローターサーブはフォームが安定しやすいので、初心者にも人気があるサーブ。コートに対して正面に体を向けて立ち、狙う方向へツマ先を向ける。トスは前方上へあげるが、高くあげるとコントロールしにくいので低めにあげよう。

 Point ② 後ろ足から前足へ 体重移動をして打つ

トスをあげると同時にヒジを後ろに引き、後ろ足に体重移動をしながら体を自然と反らす。反った体を戻しながら体重を前足へ移動し、その動きにあわせて手のひらでボールを包み込むように打とう。体重移動ができていれば、ムリに反らさなくていい。

 Point ③ スナップは利かせず ボールを前へ押し出す

ボールを打つときは、スパイクのようにスナップを利かせるのではなく、ボールを前へ押し出すように打とう。その際ボールを回転させずに打てるのが理想だ。スナップを利かせるとボールがネットにかかってしまうので、気をつけよう。

トスの位置と高さが ぶれないように

プラスワン アドバイス

サーブを打つたびトスの位置や高さがぶれると、体重移動がうまくいかない。ボールをコントロールするのが難しくなれば、コースが狙えなくなる。ただサーブを打つ練習をするのではなく、一定の位置と高さにトスがあげられるように意識してみよう。

コツ 37 高めの打点で捉えて無回転で打つ

▶ **CheckPoint**
❶ 軽く助走をして前方上へトスをあげる
❷ 高い打点で捉えて前へ押し出すように打つ
❸ ボールを回転させずにコースを狙う

　フローターサーブにジャンプを加えたのがジャンピングフローターサーブ。**ジャンプをする分、打点が高くなるのでスピードと威力を出しやすい。** 軽く助走をしながら、片手または両手で前方上へトスをあげる。ボールを捉えたら、フローターサーブ同様、前に押し出すように打つ。助走はエンドラインに向かって走る「縦アプローチ」と、エンドラインに沿うように斜めに走る「斜めアプローチ」がある。両方試してみて、打ちやすい方を習得しよう。**ボールを回転させずにコースを狙って打ちこむ練習を繰り返そう。** ジャンプをする動作が加わるため、フローターサーブに比べるとバランスがとりにくいので注意しよう。

Point① 軽く助走をして 前方上へトスをあげる

助走はスピードをつけすぎずランニングするように行い、トスは「ポン」と軽くあげるくらいで打つ。助走の距離は長くせず、トスをあげながら前へすすむようなイメージ。トスの高さと打点の位置が、一定になるように練習しよう。

Point② 高い打点で捉えて 前へ押し出すように打つ

ジャンプを加える分、フローターサーブより高い打点でボールを捉えて打つ。打つ際は、スナップを利かせすぎるとネットにかかってしまうので、ボールの中心付近を捉えて前へ押し出すように打とう。フローターサーブの次にマスターしたいサーブだ。

Point③ ボールを回転させずに コースを狙う

ボールを捉えたら前へ押し出し、ボールを回転させずに打てるように練習しよう。打つときに手首を軽く固定するとボールを捉えやすく、そのまま前へ押し出すように打つと回転しにくくなる。スナップを利かせず狙ったコースに向かって押し出そう。

自分にあった 助走をみつけよう

プラスワンアドバイス

エンドライン後方から前に向かう「縦アプローチ」は、トスをあげながらランニングジャンプをして打つ。「斜めアプローチ」はエンドラインに沿うように斜めに助走をし、体をひねりながら打つ。着地でラインの内側に入っても反則にはならない。

コツ 38

スパイクのように打って得点につなげる

▶ **CheckPoint**
① まっすぐ助走をして勢いをつける
② 高い打点で捉えてスパイクのように打つ
③ ボールの中央付近を狙って打つ

　高くジャンプをし、最高到達点でスパイクのように打ち抜くジャンピングサーブ。**難易度は高いが、得点につながる確率が高いのでマスターしたい**サーブだ。助走距離は長めにとり、前方に向かってまっすぐ走る。前方斜め上方向へ高めにトスをあげたら、ヒジを後ろに引いて体を反らしながら高くジャンプ。最高到達点でボールを捉えたら、**スパイクを打つ要領で思いきり打ち抜こう。ただし打点はボールの中央付近。上を叩くとネットにかかってしまうので気をつけよう。**体の軸がぶれるとコースを狙えなかったり、勢いのあるサーブが打てなくなる。トスの高さと体の動きを練習する中で、フォームも整えよう。

Point ① まっすぐ助走をして勢いをつける

ジャンピングサーブの打ち方はスパイクをイメージするとわかりやすい。サービスゾーンの後方で構えたら、エンドラインに向かって助走をしながら、前方斜め上あたりをめがけて高くトスをあげる。助走の勢いもサーブの強さのポイントになる。

Point ② 高い打点で捉えてスパイクのように打つ

スパイク同様、ボールは最高到達点で捉えるように練習しよう。腕の力とテクニックが必要になるが、決まれば得点につながるサーブだ。ジャンプをしながらヒジを思いきり後ろに引き、体の反りと戻しを利用して思いきり打ち抜こう。

Point ③ ボールの中央付近を狙って打つ

スパイクを意識しすぎてボールの上の方を叩くとネットにかかってしまう。捉えるのは中央付近だ。ネットの白帯上付近を狙い、手のひらでボールを包み込みながらドライブをかけて打とう。打ったあと腕をしっかり振り切るようにすると打ちやすい。

体の軸をまっすぐ保つ

プラスワンアドバイス

サーブを打つときに体の軸がぶれると、ボールがまっすぐ飛びにくくなる。狙ったコースに打つためには、軸をまっすぐに保つように練習しよう。軸がぶれていると打つときに不自然な態勢になり、肩や腰の故障につながるので気をつけて。

筋トレもストレッチも
「骨盤ドローイン」が基本！

ヘソの下に力を入れる

　筋力トレーニングやストレッチを始める前に意識したい「骨盤ドローイン」。やり方は、まっすぐに立ったらヘソの下あたりを中心に力を入れてへこませてお尻を引き締める。これが「骨盤ドローイン」の基本だ。まずはこの感覚を体で覚えよう。たとえば仰向けの状態でトレーニングやストレッチをする場合、背中と床の間に隙間があいていないか手を入れて確認。手が入るときは、「骨盤ドローイン」ができていない状態。しっかりお腹に力を入れてへこませてから取り組もう。

ダイエットにも効果あり！

　トレーニングやストレッチをしていないときも常に「骨盤ドローイン」意識するようにすると、自然と姿勢が正しくなり、ポッコリ出たお腹をへこませる効果もある。「ダイエットをしてもお腹まわりのぜい肉が取れない・・・」と思ったら、1日2～3分程度意識してお腹をへこませてみよう。たとえば電車に乗っているときに1駅分だけ実行してみる、寝転んでテレビを見ているときに意識するだけでも効果がある。無理に時間を作らなくてもできる、簡単なダイエット法でもある。

PART 5

アタッカーの
練習

コツ 39 個人の実力をアップして チーム力をあげる

▶**CheckPoint**
❶ 役割にあったプレーの基礎を身につける
❷ 個人が上達してチーム力をあげる
❸ 簡単にできる筋トレを毎日実践する

スパイクの基礎を しっかり身につける

　アタッカーだけでなく、スポーツにおいて重要なことは基礎をしっかり身につけること。まずはバレーボールに必要なプレーの基礎をマスターし、そのうえでアタッカーはスパイクを、セッターはト

スを、レシーバーはレシーブを上達するための練習をプラスしていこう。

　また自分がにがてなことを自覚することも大事。たとえばスパイクを打つときにうまくコースが狙えない場合、正しいミートのしかたやスイングなどを見直して改善するための練習を追加する。スパイクのスピードが出ないときはトスと

ジャンプの位置があっていないこともあるので、**打ち込みの時間を増やして正しいフォームに修正する**必要もある。選手1人1人が重点的に行いたい練習内容が違うときもあれば、コーチの指示を仰ぎたい場合もある。そんなときは、**チーム全体でそれぞれの練習内容を見直してみる**のも1つの手だ。そして、基礎を徹底的にマスターしてから、チーム力アップにつながるような練習メニューを考えていこう。

■個人が上達すれば チーム力もアップする

バレーボールはチームプレーなのでチーム全体の力を強くすることは重要だ。**しかしチーム力をあげるためには、まずそれぞれの選手が実力アップする**ことがポイントになる。プレーはもちろんだが、バレーボールに必要な筋力をしっかりつけることで、結果的に実力アップにつな

がることも多い。腕や足の力だけでなく、体の軸をぶれないようにするために必要な筋力も鍛えよう。筋力アップは、正しいやり方をマスターして毎日繰り返すことで実現する。

筋力アップと同じくらい重要なことは、練習後の体をしっかり整えてあげること。とくにアタッカーは利き腕でスパイクを打ち続けるので体のバランスが崩れてしまい、それが肩やヒザ、腰などの故障につながることもある。**クーリングダウンのやり方を覚えて、体の左右のバランスを練習前の状態に戻してあげよう。**

筋力トレーニングもストレッチも、器具を使うと大がかりになるとつい面倒くさくてやらなくなってしまう人がいる。そんな人におすすめなのが、器具を使わない筋力トレーニング（P110）とストレッチ（P118）だ。体育館の端や自宅でも実践できるので、毎日続けてバレーボールの実力アップにつなげていこう。

コツ 40 キャッチボールで フォームをつくる

▶ *CheckPoint*
1. 軟式野球のボールでキャッチボールをする
2. 指や手首の使い方をマスターする
3. フォームを安定させて体幹を鍛える

　スパイクの基本のフォームをつくるために、キャッチボールを取り入れよう。使用するのは軟式野球のボールとグローブ。キャッチボールは指の使い方や手首の脱力の感覚を意識しやすく、ボールを相手に向けて投げることで自然とフォームが安定してくる。毎日続けることで、アタッカーに必要な肩や腕の筋肉もついてくる。体の軸も安定させないとボールをまっすぐに投げることはできないので、フォームが安定してくると、スパイクを打つために必要な筋力も鍛えられてくる。バレーボールを使うアタック練習だけでなく、毎日の練習に5分間程度のキャッチボールを取り入れて、より攻撃的なスパイクが打てるようになろう。

Point ① 軟式野球のボールで キャッチボールをする

スパイクの基本フォームをつくるときに取り入れたい練習法。軟式野球のボールとグローブを2個用意し、通常のキャッチボールをする要領でボールを投げあう。投げるときの指使い、手首の脱力の感覚を意識しながら、毎日5分程度やってみよう。

Point ② 指や手首の使い方を マスターする

ボールをまっすぐ投げるためには、リリースで中指と薬指により多くの力が加わる。手首は脱力していなければ、ボールは相手に向かって飛ばず、床に叩きつけてしまう。スパイクを打つ際必要な手と腕の感覚をしっかり覚えよう。

Point ③ フォームを安定させて 体幹を鍛える

キャッチボールを続けると、自然とフォームが安定してくる。まっすぐ相手に投げるために必要な力と動きができるようになってくるからだ。フォームが安定すると、自然と体幹も鍛えられてくる。対人パスと同じ気持ちで続けてみよう。

しっかりマスターして スパイクに生かす

プラスワン アドバイス

キャッチボールをしたあとにバレーボールに持ち替えて床打ちをしてみると、スムーズにボールを打ててコースも安定していることがわかる。スパイクを打ったときボールのコースが安定しないと感じたときは、一度キャッチボールをやってみるといい。

相手が動かない位置に ボールを送る

▶ **CheckPoint**
❶ キャッチボールの感覚をスパイクに生かす
❷ 床にボールを叩きつけて相手に送る
❸ 床→壁と跳ね返り自分に戻るようにする

　キャッチボールで投げた感覚をスパイクに連動させるために、続けて床打ちと壁打ちをやってみよう。床打ちのやり方は、軽くトスをあげてからスパイクを打つ要領で床にボールを叩きつけ、ワンバウンドさせて相手に送る。相手も同じように返して繰り返そう。気をつけたいのは、相手が動かなくてもとれるボールを

送ること。キャッチボールの感覚が残っているうちにやると効果がある。壁打ちは肩や腕の筋力をつくり、フォームを安定させてボールのコントロールができるようにするための練習だ。床打ちを壁に向かって行うイメージ。床打ち同様、ボールが自分の目の前に戻るようになるまで練習しよう。

Point ① キャッチボールの感覚を スパイクに生かす

床打ちはただ床にボールを叩きつけるのではなく、キャッチボールの感覚が生きているうちにスパイクに連動させる目的で行おう。ボールを投げたときの指の使い方、手首の脱力を意識して、床にボールを叩きつけるようにして練習しよう。

Point ② 床にボールを叩きつけて 相手に送る

床にボールをワンバウンドさせて相手に送るが、ポイントは相手が1歩も動かずに送られたボールをとれるようにすること。ボールを叩きつける位置を決めて打ち、きちんとそこにボールを送れるようになるまで練習をしよう。

Point ③ 床→壁と跳ね返り 自分に戻るようにする

壁打ちはボールを床に打ちつけ、壁に跳ね返って自分に戻る、という動作を繰り返す練習。自分に戻るようにするためには中指と薬指からボールにあてて、手首のスナップを自然に利かせてまっすぐに打つ。スパイクの基本になる動きだ。

個人の実力をあげて チームの力をアップする

プラスワン アドバイス

バレーボールはチームプレーだ。チームでしっかり練習をして、試合に挑むのは大事なこと。しかし個人の実力をしっかりあげないと、チームの実力も変わらない。地道な練習はその後の結果として現れるので、"自分磨き"のための練習もしていこう。

コツ 42 移動せずに スパイク↔レシーブを繰り返す

▶**CheckPoint**
1. スパイクとレシーブの練習を同時に行う
2. アタッカーはレシーバーの手元を狙う
3. レシーバーはアタッカーにトスをあげる

7〜8mくらいの間隔をあけ、2人で向かいあってスパイクとレシーブを続けて練習する。アタッカーは自分で軽くトスをあげたらレシーバーに向かってスパイクを打つ。そのとき**しっかりレシーバーの手元を狙い、左右前後に動かなくていいようにしよう。**レシーバーは受けたボールを高めにあげ、そのままトスとしてアタッカーが打てるようにする。どちらもしっかりと相手を狙い、動かずできるようになるのが理想だ。**アタッカーはアタッカーに必要な練習が、レシーバーもレシーバーに必要な練習が同時にできる**ので、毎日の練習にとり入れよう。コート外の小さなスペースでもできるので、試合の合間などにも行いたい練習だ。

Point ① スパイクとレシーブの 練習を同時に行う

アタッカーとレシーバーで向かいあい、アタッカーはスパイクの、レシーバーはレシーブの練習を同時に行う。アタッカーは体の軸をまっすぐ保ち、指と手首の使い方を意識しながら打つ。レシーバーは正面で受けてトスにつなげるように続ける。

Point ② アタッカーは レシーバーの手元を狙う

アタッカーはレシーバーが動かなくてもとれるように、手元を狙って打とう。まっすぐに打つので中指と薬指からボールにあて、レシーバーまでの距離を意識して力を加減する。体の軸がぶれるとボールは左右に飛んでしまうので注意しよう。

Point ③ レシーバーは アタッカーにトスをあげる

レシーバーは低い姿勢でボールを受けたら、ボールをまっすぐ高めにあげる。アタッカーがそのままスパイクを打てる高さにあげるのが理想だ。距離と高さを意識して、ヒザの屈伸を使ってボールを送る。レシーブの姿勢を見直すときにも有効な練習だ。

基本練習こそしっかり フォームを意識する

プラスワン アドバイス

スポーツは基本練習が後々の試合などのプレーに影響する。「ただのパス練習」という意識で行うと、ケガにつながることもあるのでしっかりと取り組もう。アタックを打つときもボールを打つポイントを意識して、かぶらないように打とう。

コツ 43 ネットや壁に向かって スパイクを打つ

▶**CheckPoint**

❶ ジャンプをせずに体重移動をしながら打つ

❷ 前方斜め上あたりでボールを捉える

❸ 体の軸がぶれないようにネットに向かって打つ

　ネットや壁を前にして、自分でトスをあげて打つ練習。**ジャンプをせずに体重移動をしながら打つようなフォームづくりを意識して**練習しよう。コートの中央付近でネットに正対して立ち、片手または両手でボールを高く投げる。**トスの下に入り込みすぎないように前方斜め上**あたりでボールを捉え、スパイクのフォームを意識しながらネットにぶつけるように打つ。体の軸がぶれないように意識しながら、**後ろ足から前足に向かって体重移動をしながら打とう。**ネットから離れた位置からスパイクを打つので、二段トスを打つときの練習にもつながる。スパイクのフォームの見直しにも役立つ練習になる。

Point ① ジャンプをせずに 体重移動をしながら打つ

壁やネットを使ったスパイク練習。指や手首の使い方を意識しながら練習しよう。ジャンプはせず、トスをあげたらヒジを引きながら体重を後ろ足へのせ、スイングしながら前足へ体重を移動する。それぞれの動きを意識しながら練習しよう。

Point ② 前方斜め上あたりで ボールを捉える

自分でトスをあげるときは、真上へあげるのでボールの下に入りやすい。体重移動を利用して、しっかり前方斜め上あたりでボールを捉えるようにしよう。ネットの中央、白帯付近など、目標の位置を決めて打つと、コースを狙う練習にもなる。

Point ③ 体の軸がぶれないように ネットに向かって打つ

打つときに体が斜めになっていたり、トスの位置がずれてしまい移動しながら打っていてはネットを狙えない。トスをあげるときから体の軸を意識して、まっすぐにあげてから打とう。軸がぶれると肩や腰を故障する原因にもなるので気をつけて。

フォームの見直しや 改善をする

プラスワン アドバイス

「スパイクを打つときのフォームはきちんとできているのか」「最近ヒザに痛みがあるがフォームが間違えているのか」など、自分では気づかないうちにフォームが乱れていることがある。フォームの見直しや改善をしながら練習してみよう。

コツ44　ミートを見直して スパイク力をアップ

▶CheckPoint

❶ ミートを見直してスパイクの上達をめざす
❷ 台の上にのって上半身の動きを徹底練習する
❸ フォームの見直しや改善をして次へ生かす

　打ち込み練習で身につけたいのは、正しいフォームとスパイクを打つときのミートのポイント。**スイングの感覚や上半身の反りと戻しのタイミング、ボールを捉える位置なども見直しながら練習すると上達する。**トスをあげてもらって助走からスパイクを打つまでの動きをトータルで行ってもいいが、**上半身の見直し**をしたい場合は台の上にのって打ち込みをしよう。ヒジを後ろに引きながら体を反って戻しながら打つ動作や、指からボールにあてて手首の自然なスナップで打つ動作はスパイクの基本。フォームに違和感があるときは、コーチや仲間にフォームを見てもらいながら練習すると改善につながる。

Point ① ミートを見直して スパイクの上達をめざす

スパイクの強さや狙うコースは助走やジャンプのしかたも影響するが、ボールコントロールはミートのポイントによって大きく変わってくる。指からボールに触れたら自然と手のひらをあて、脱力した手首を振りおろすようにしてスナップを利かせよう。

Point ② 台の上にのって 上半身の動きを徹底練習する

上半身の動きを中心に練習したいときは、ネット際に台を置き、その上にのって打ち込みをしよう。練習では体の反り戻しはもちろん、ボールを捉える位置をしっかり見直す。アゴを引いて前方斜め上あたりで捉えるようになるまで練習しよう。

Point ③ フォームの見直しや 改善をして次へ生かす

基本のフォームが崩れると、肩やヒザ、腰などに負担がかかり、故障につながることがある。また「スパイクがうまく打てない」という選手が、フォームを徹底改善したことで上達したという例も多い。しっかり見なおし、必要なら改善をしよう。

「ちょっと遠いかも…」が ベストな打点

プラスワンアドバイス

ボールの真下に体が入ってしまい、かぶった状態で打っても威力のあるスパイクは打てない。ジャンプした位置からボールが遠く感じても、たいていの場合空振りをする心配はない。「ちょっと遠いかも…」と感じるくらいのポイントで打ってみよう。

コツ 45

目標物を狙って スパイクを決める

▶CheckPoint
❶ フォームを崩さずにコースを狙う
❷ レシーバーを確実に狙って打つ
❸ スパイクの動きすべてを意識して練習する

　打ち込み練習でフォームとミートの見直しができたら、次はコントロール練習を行う。台を使って練習する場合は、台の上にのって相手コートのサイドラインとエンドラインが交わる付近を狙って打ってみよう。コースを狙うことでフォームが崩れないように注意しながら、1本ずつ集中して打つ練習を繰り返そう。

　次に台をよけて直上トスをあげてもらい、同様にコースを狙って打つ練習もしよう。打つときのフォームとミートばかりに意識がいきすぎて、助走や踏み込みがいいかげんにならないように。狙うコースに的を置いたり、レシーバーが入って同時にレシーブ練習も行うと効率的だ。

Point ① フォームを崩さずにコースを狙う

キャッチボールや床打ち、対人レシーブ、打ち込み練習などで見直したフォームを崩さないように意識しながら、コースを狙ってみよう。コースを狙うことに意識がいきすぎて、せっかく改善されたフォームを忘れてしまわないように注意しながら行いたい。

Point ② レシーバーを確実に狙って打つ

コースを狙う際、目標物があると打ちやすい。実際に試合でも狙いたい、サイドラインとエンドラインが交わる付近にコーンを立てたり、レシーバーに入ってもらうなどがベター。レシーバーは同時にレシーブ練習をすることをおすすめする。

Point ③ スパイクの動きすべてを意識して練習する

上半身の動きやミートなど、部分的な動きの見直しができたら、次はスパイク全体の動きを見直すように練習をしよう。基本的な練習を繰り返してきたことで、苦手な部分が改善されているはずなので、最高のスパイクが打てるようになっているはず。

チーム練習で自分の動きを見直そう

プラスワンアドバイス

試合が多くなると、チーム練習などが増える。チーム練習はチーム全体の動きがよくなるので、試合前に多く取り入れよう。1人1人が磨いた技術をチーム全体で確認しあうことも大事。自分だけでなくほかの選手の動きを意識し、自分のプレーや動きを見直してみよう。

コツ 46

アタッカーに必要な筋力を鍛える

▶CheckPoint
1. 筋力を鍛えてプレーの幅を広げる
2. 腕だけでなく全身の筋力を鍛える
3. 正しいトレーニング方法で行う

スポーツをやるうえで必要な筋力のトレーニング。**成長期を過ぎてある程度体ができたら、プレーの幅を広げるためにも筋力トレーニングを行おう。**スパイクを打つために必要な筋力は、肩や腕まわりだけではない。助走をしてジャンプするためには足の筋力も必要で、ボールをコントロールするために重要な体の軸を

ぶれないようにするためには腹筋や背筋などのコアな部分を鍛えることも重要。**より強力なスパイクを打つためにも、正しいトレーニング方法で全身をバランスよく鍛えよう。**ただし小学生や中学生など、まだ成長途中に筋力トレーニングをやりすぎると故障につながることもあるので、十分注意して行おう。

筋トレ 1 ヒジまわりの強化

鍛えられる筋肉▶上腕二頭筋／左右20回ずつ

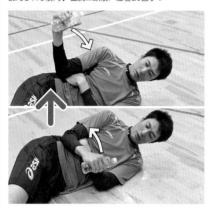

外旋（腕を外にひねる）運動。横向きになり手首をまっすぐにしてペットボトルを持ったら、ヒジを直角に曲げて前から上へ腕をひねる。しっかりと脇を締め、肩に力が入りすぎないようにしよう。

筋トレ 2 肩・腕の強化

鍛えられる筋肉▶三角筋・上腕三頭筋／左右20回ずつ

横向きになり手首をまっすぐにして、ペットボトルを持ったら手の甲を前に向ける。ヒジを伸ばしたまま小指を引きあげるように、腕の付け根からゆっくり動かす。手のひらを前に向けて同じ動きも行う。

筋トレ 3 上半身の強化

鍛えられる筋肉▶大胸筋・上腕二頭筋／左右20回ずつ

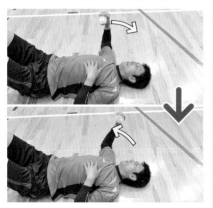

仰向けになりヒザを曲げる。手首をまっすぐにしてペットボトルを持ったら、ヒジを直角に曲げて床と垂直になるように立てる。胸と腕の筋肉を意識しながら、頭の横へゆっくり倒して戻す。

筋トレ 4 ヒジまわりの強化

鍛えられる筋肉▶上腕二頭筋／左右20回ずつ

筋トレ1と同じ要領で横向きになり、筋トレ1とは逆の腕を鍛える。床に接した腕の、手首をまっすぐに伸ばしてペットボトルを握る。ヒジを直角に曲げて、ペットボトルを腹の方へ近づけるようにひねる。

コツ46 アタッカーに必要な筋力を鍛える

筋トレ5 フレンチプレス

鍛えられる筋肉▶上腕三頭筋・僧帽筋／20回

首の後ろ付近でペットボトルの口のあたりを両手で持ち、目線は前に向ける。肩からヒジをまっすぐ上に伸ばしながら、ペットボトルを持ちあげる。ヒジが外に開かないように注意する。

筋トレ6 バードスイング

鍛えられる筋肉▶上腕三頭筋・広背筋・腸腰筋などのコア筋肉／10回

上半身をバランスよく強化する運動。足を肩幅に開き、背筋を伸ばして上体を前に倒し、床と平行になるようにする。腕の付け根から両側に開いて戻す。鳥がゆっくりと羽ばたくようなイメージ。

筋トレ 7 ベンドオーバーロウ

鍛えられる筋肉 ▶ 肩甲骨まわり・上腕三頭筋／10回

別アングル

「6」同様上体を前に倒したら、左右の肩甲骨を寄せながらヒジを引きあげる。腕のトレーニングではなく背中を強化するために行うので、腕に力を入れすぎないようにして、肩甲骨を意識する。

コツ46 アタッカーに必要な筋力を鍛える

筋トレ8 T字バランス

鍛えられる筋肉 ▶ 大臀筋・ハムストリング・コア筋肉／左右10回

両腕を開いてバランスをとりながら上体を前に倒し、同時に片足を後ろにあげる。体が左右にぐらつかないように、体の軸を意識してバランスをとる。背中が床と平行になるまで倒し、元に戻る。

筋トレ9 サイドラウンジ

鍛えられる筋肉 ▶ 大腿四頭筋・内転筋／左右で1回として10回

下半身を強化する運動。足を大きく広げてツマ先とヒザが前方を向くように立つ。曲げる足に体重を乗せながら、ゆっくりとヒザの屈伸を行う。立ちあがるときも勢いをつけずにゆっくりと行い、立ったときにお尻を引き締める。

筋トレ10 片足立ちスクワット

鍛えられる筋肉▶大腿四頭筋・ハムストリング／左右10回ずつ

別アングル

ジャンプ力を養う運動。前かがみにならないように片足の裏を床から放す。そのまま片足でスクワット。ヒザが前に出ないよう、イスに座るイメージでしゃがみ、頭の先を引きあげるように立ちあがる。

コツ 47 体の左右の バランスを整える

▶ **CheckPoint**
1. 崩れた左右のバランスを戻す
2. ストレッチの前に行う
3. 正しいダウンとストレッチを覚える

アタッカーは利き腕でスパイクを打ち続けるので、体の左右のバランスが崩れやすい。クーリングダウンは、**崩れた左右のバランスを元に戻すことも意識して行おう**。激しい練習後などにいきなりストレッチをすると、バランスが崩れた状態のまま行うことになるので、**必ずストレッチの前にクーリングダウンを行うこ**とが**ポイントだ**。またクーリングダウンを行うことは、筋肉中の疲労物質が早く取り除かれるので**疲労回復にも有効**といわれている。正しいクーリングダウンとストレッチは、**「動的ダウンから静的ストレッチに移行」、「心臓から遠い部分から心臓に向かって行う」**と覚えよう。

クーリングダウン 1 　股関節と太モモまわりを整える

効果がある部位 ▶ 股関節・太モモまわり／左右で1回として10回

まっすぐに立ったら軽く両腕を広げて手のひらを前に向ける。片足を残したままもう片方の足を大きく1歩前に出し、そのまま前足のヒザを曲げる。股関節の開きと太モモやお尻の筋肉がしっかり伸びていることを意識しよう。上体は起こしたまま肩甲骨を寄せて、両腕を床と平行になるように開く。左右の足を交互に前に出し、前方に進みながらストレッチをする。

押す

クーリングダウン 2 　サイドステップで骨盤まわりを整える

効果がある部位 ▶ 骨盤まわり／左右で1回として10回

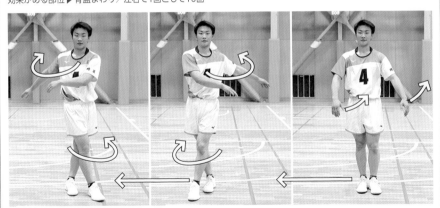

上半身はまっすぐ前を向き、目線は正面に向ける。腰を軸にして足を交互に前、後ろにステップさせながら真横に移動する。コートのサイドラインなどを利用して、腕は床と平行に左右に振りながらまっすぐに進むことを意識しよう。体の軸がぶれているとまっすぐに進まないので、体のバランスチェックにもなる。最初はゆっくりスタートし、徐々にスピードをあげてテンポよく進んでいこう。

コツ48 正しいストレッチで体の調子を整える

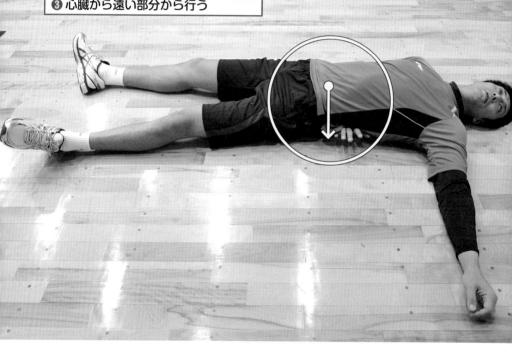

▶**CheckPoint**
❶ 練習後に正しいストレッチを行う
❷ 背中と床の間の隙間をなくす
❸ 心臓から遠い部分から行う

柔軟性と瞬発力、敏捷性を必要とするバレーボール。スパイクを打つたびに力をこめる肩や腕、着地をしたときのヒザや足首への負担、無理な体勢で行うスパイクなど、部分的な負担も大きいので練習前後は正しいストレッチを行おう。仰向けでストレッチをするときは、**背中と床の間に手を入れてみて、背中がしっかり床につ**いていることを確認(骨盤ドローイン)。ただゴロンと寝転んで行っても効果はない。ストレッチを行う順番は、**心臓から遠い部分から心臓の近くへ進める**。使った筋肉をしっかり伸ばしたり、練習前に関節の可動域を広げることは、ケガの防止にもつながるので練習前後は毎回必ずストレッチを行い、体の調子を整えよう。

ストレッチ 1 ▶ 腰まわり・脇腹

効果のある部位 ▶ 腰まわり・腹斜筋(わき腹)／左右で1回として10回

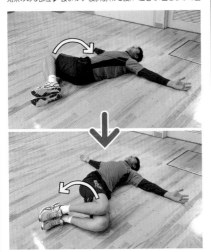

仰向けになって両腕を広げたらヒザを立てる。肩を床につけた状態を保ち、体をひねりながらヒザを左右にゆっくり倒す。腰回りと脇腹がしっかり伸びていることを確認しながら行うと効果的。

ストレッチ 2 ▶ 腰・股関節まわり

効果のある部位 ▶ 腰・股関節まわり／左右で1回として10回

うつ伏せになって両腕を広げる。胸と肩を床につけた状態をなるべく保ちながら片足を床から放し、足と逆方向へ腰をひねる。軽くヒザを曲げて、足の裏を床に着けるようなイメージでひねろう。

ストレッチ 3 ▶ お尻まわりのストレッチ

効果のある部位 ▶ お尻まわり／左右で1回として10回

仰向けになって片ヒザを立てたら、曲げたヒザの上付近にもう片方の足をかける。ヒザを立てた足のスネのあたりを両手で持ち、体の方に引き寄せてお尻と太モモの裏側の筋肉を伸ばす。

ストレッチ 4 ▶ 脇腹のストレッチ

効果のある部位 ▶ 脇腹／左右10回ずつ

足の側面を床に着くようにして横向きになり、片方の腕で上半身を支える。床に着いた腕をゆっくり伸ばしながら、脇腹をしっかり伸ばす。反対側の手を脇腹にあて、伸びているところを意識する。

コツ48 正しいストレッチで体の調子を整える

ストレッチ 5 背中・脇腹・肩まわり

効果のある部位▶背中・肩まわり／左右で1回として10回

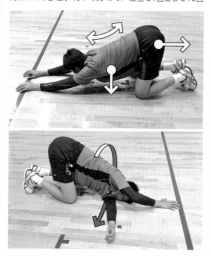

両ヒザと両手のひらを床に着いて四つん這いになり、腕を伸ばしたままお尻を後ろに引く。胸を床に着けるようなイメージで背中を反らせる。次に上体をひねりながら片腕を床に沿うように伸ばす。

ストレッチ 6 肩の前側

効果のある部位▶肩の前側／10回

ヒザを立てて床に座り、両手のひらを体の後ろに着いて上体を支える。お尻をカカトに近づけるようにゆっくりと床を滑らせて、肩の前の筋肉を伸ばす。肩甲骨が閉じていることも確認しながら行う。

ストレッチ 7 背中・肩甲骨まわり

効果のある部位▶背中・腰・肩甲骨まわり／上下で1回として10回

ヒザと手のひらを床について四つん這いになり、息を吸いながらお腹をへこませて背中を丸める。次に息を吐きながらゆっくりと背中を反らせる。息をとめず、呼吸を意識しながら行うと効果がある。

付章

パス技術を
再確認

コツ 49

ボールを正面で受けて相手に送る

▶**CheckPoint**

① スパイクやサーブのレシーブに使う
② 腰を落としてフットワークを軽く
③ 正面で受けてセッターへ送り出す

　低い位置に飛んできたボールを受けるアンダーハンドパス。**体の正面で全身の力を使って受けるので、スパイクやサーブなどの強いボールをレシーブするときに使う。** ヒザを曲げて腰を落とし、フットワークを軽くしてボールが飛んでくる位置へ移動して真正面で受ける。ヒジをしっかり伸ばして、**2本の腕で三角形の面をつくるイメージ**だ。ヒットポイントは手首の少し上付近。ボールを受けたら、ヒザを伸ばしながらセッターへ向けて送り出すようにしよう。腕は振りあげず、ボールを送り出す程度の振りで構わない。スピードのあるスパイクなどを受けるときは、しっかり体を固定して弾き返すようにしよう。

Point ① スパイクやサーブの レシーブに使う

アンダーハンドパスは体の中心でボールを捉えるので、全身の力を使って受けることができる。強くて低い位置に飛んでくるサーブやスパイクのレシーブに最適だ。2本の腕で三角形の面をつくって、ボールの下に手を入れて正面にあげよう。

Point ② 腰を落として フットワークを軽く

低い位置のボールを受けるので、ヒザを曲げて腰を落とし、低い位置で捉えよう。足は固定せず、左右前後どこにでもすばやく動けるようにする。速いサーブやスパイクが飛んできたら、できるだけ正面に入り込んで目の前で受けるようにしよう。

Point ③ 正面で受けて セッターへ送り出す

レシーブは攻撃するための最初のプレー。すばやくボールの落下地点へ移動してセッターへ送ろう。パスをコントロールするためには、相手と正対してできる限り正面で受けること。スパイクボールを正面でキャッチする練習を取り入れるといい。

四角い箱を使って 練習をする

プラスワン アドバイス

確実にボールの下を捉えるイメージをしてみよう。ボールは丸いので手を入れる場所がわかりにくい。レシーブが横に飛んでしまう人は、ボールと同じくらいの直系の四角い箱を用意し、下の平らな面に手をあてて受ける位置を確認してみよう。

コツ 50 指の力と全身のバネで ボールを弾き飛ばす

▶CheckPoint
1. ボールをつなぐために習得したいパス
2. 額の前に手のひらをかざしてボールを受ける
3. ヒジとヒザを伸ばしながらバネを使う

安定したボールを相手に送ることができるオーバーハンドパスは、トスやレシーブなど多くの場面で使うプレー。高めのボールが来たらヒザを曲げてフットワークを軽くしてボールの下に入り込む。額の前に両手のひらをかざしてボールを捉えたら、ヒザとヒジを同時に伸ばしながら、**全身のバネを使ってボールを弾き**飛ばす。手首は固くせず、柔らかく動かすようにしよう。低く飛んできたレシーブを攻撃につなげるときも、アンダーハンドでトスをあげるよりも**オーバーハンドの方が安定する**。その場合は、ヒザを思いきり曲げてボールの下に入り込み、アタッカーの方へ体を向けて全身のバネを使ってトスをあげよう。

Point ① ボールをつなぐために習得したいパス

オーバーハンドパスは、両手のひらでボールを受ける一番安定するパスだ。弧を描くように高い位置に飛んでくるボールを受けるときや、アタッカーに確実にトスをあげるときに使う。バレーボールの基本のプレーの1つなのでしっかり習得しよう。

Point ② 額の前に手のひらをかざしてボールを受ける

スピードのないボールは確実なオーバーハンドで受けよう。ボールの落下地点を読んだら、低い姿勢ですばやく移動して額の前に両手のひらをかざす。指を開き、両手の指で六角形をつくるイメージで受け、指先でポンと弾くようにしてパスしよう。

Point ③ ヒジとヒザを伸ばしながらバネを使う

低い姿勢で移動してボールの下に入り込んだら、ヒジとヒザを伸ばしながら体のバネを使って高めにパスする。ヒザを伸ばしたまま棒立ちの体勢から移動してボールを受けると前に送り出してしまい、高くあげられないので注意しよう。

ボールを迎えに行かず待って受ける

高いオーバーハンドパスがあげられない人は、ヒジを伸ばしてからボールを受けている可能性がある。早くボールを受けようと焦ってボールを迎えに行かず、ボールが自分のおでこ付近まで落ちてくるのをじっくり待ってから受けるように練習しよう。

監修 山本 隆弘 *Takahiro Yamamoto*

PROFILE

山本 隆弘（やまもと たかひろ）
元全日本男子バレーボール選手

生年月日	1978年7月12日
身長/体重	201cm/93kg
血液型	B型
出身地	鳥取県
出身校	鳥取商業高校　日本体育大学

　鳥取商業高等学校を経て日本体育大学へ進学。大学在学中に全日本代表に選出され、2000年4月の日米対抗戦でエースとして日本デビューを果たす。卒業後はパナソニックパンサーズに所属。2003年のワールドカップで、日本のエースとしてベストスコアラーとMVPを獲得。2004年、日本人バレーボール選手初のプロバレーボール選手となる。2年ほど日本代表から離れるが2006年に代表復帰し、2008年の北京オリンピックは本大会への出場を果たす。2011年のロンドンオリンピック日本代表に選出。その後、2012・2013年シーズンをもって現役を引退。

　バレーボールで培った経験を生かし、バレーボールの解説や普及活動、メディア出演等で活躍中。2014年、小学生バレーボール大会「T-FIVE CUP」を企画。2024年は関東、近畿、中国、四国、九州、沖縄、北海道、東北、北信越の9地区で開催。2023年度は全国大会を開催している。

●モデル　正智深谷高等学校　男子バレーボール部

　男子バレーボール部は2003年に創部し、県内でも強豪として知られる名門校。2017年にはかつてVリーグチーム(当時豊田合成、現ウルフドックス名古屋)に所属し、大学バレー部の指導経験がある鈴木康晋氏が監督に就任した。以降、2022年、2023年にインターハイに出場するなど少しずつ躍進し始めた。2024年には11年ぶりに春の高校バレー出場を果たした。全国大会というステージでも、ディフェンス力の高さ、攻撃の決定力を発揮。チーム一丸となった粘り強いバレーボールを展開し、優勝候補を撃破するなど創部初のベスト16に入った。

チームムームスローガン···チーム全員、心を一つに全国大会を目指す。練習はもちろん、日々の生活を大切に、今やるべきことに全力で取り組む。恵まれた環境、支えてくれているすべての人たちに感謝をし、全員が力を合わせて全国大会を目指す。

男子バレーボール部ホームページ　https://shochi.jp/club/tac/volleyball-boys/

バレーボール　アタッカー　上達バイブル
「決定力」を高める実践ポイント50

2024年7月30日　第1版・第1刷発行

監修者　山本　隆弘（やまもと　たかひろ）
発行者　株式会社メイツユニバーサルコンテンツ
　　　　代表　大羽　孝志
　　　　〒102-0093 東京都千代田区平河町一丁目1-8
印　刷　株式会社厚徳社

◎ 『メイツ出版』は当社の商標です。

ご意見・ご感想はホームページから承っております。
ウェブサイト　https://www.mates-publishing.co.jp/

企画担当：堀明研斗

※本書は2018年発行の『「決定力」に差がつく！バレーボール　アタッカー　最強のポイント50』を元に、掲載画像の再撮影、書名と装丁の変更、必要な情報の確認を行い、新たに発行したものです。